V&R

Das Neue Testament Deutsch

Neues Göttinger Bibelwerk

In Verbindung mit Horst R.Balz, Jürgen Becker,
Hans Conzelmann, Gerhard Friedrich, Friedrich Lang,
Eduard Lohse, Ulrich Luz, Helmut Merkel, Jürgen Roloff,
Wolfgang Schrage, Siegfried Schulz, Eduard Schweizer
und August Strobel

herausgegeben von Peter Stuhlmacher und Hans Weder

Teilband 9/1

Die Pastoralbriefe

13. Auflage

(Erstauflage dieser Bearbeitung)

1991
Vandenhoeck & Ruprecht
Göttingen und Zürich

Die Pastoralbriefe

Übersetzt und erklärt

von

Helmut Merkel

1991
Vandenhoeck & Ruprecht
Göttingen und Zürich

CIP-Titelaufnahme der Deutschen Bibliothek

Das *Neue Testament deutsch:* neues Göttinger Bibelwerk / in Verbindung
mit Horst R. Balz . . . hrsg. von Peter Stuhlmacher und Hans Weder. —
Göttingen; Zürich: Vandenhoeck und Ruprecht.
Teilw. hrsg. von Gerhard Friedrich und Peter Stuhlmacher
NE: Stuhlmacher, Peter [Hrsg.]; Friedrich, Gerhard [Hrsg.]
Teilbd. 9
1. Die Pastoralbriefe / übers. und erkl. von Helmut Merkel. —
13. Aufl., (1. Aufl. dieser Bearb.). — 1991
ISBN 3-525-51373-9
NE: Merkel, Helmut [Bearb.]

Die Pastoralbriefe

Helmut Merkel

Verzeichnis der Abkürzungen

Abkürzungen und Reihenfolge der neutestamentlichen Schriften im Gesamtwerk

Mk	Joh	1.Kor	Eph	1.Thess	1.Tim	Hebr	2.Petr.	3.Joh
Mt	Apg	2.Kor	Phil	2.Thess	2.Tim	Jak	1.Joh	Jud
Lk	Röm	Gal	Kol	Phlm	Tit	1.Petr	2.Joh	Offb

Altes Testament (einschließlich Apokryphen)

1., 2. Chron	=	1., 2. Buch der Chronik	Mal	=	Maleachi
Dan	=	Daniel	Mi	=	Micha
Esr	=	Esra	Ped	=	Prediger Salomos
Ez	=	Ezechiel	Ps	=	Psalmen
Hos	=	Hosea	Sir	=	Buch Jesus Sirach
Ijob	=	Ijob(Hiob)buch	Spr	=	Buch der Sprüche
Jer	=	Jeremia	Tob	=	Buch Tobit
Jes	=	Jesaja	Weish	=	Weisheit Salomos
1., 2. Kön	=	1., 2. Buch der Könige	Zeph	=	Zephanja
1., 2. Makk	=	1., 2. Buch der Makkabäer			

Jüdisches Schrifttum 2. Jh. v. Chr. - 2. Jh. n. Chr.

CD	=	Damaskusschrift (Qumran)	OrSib	=	Sibyllinische Orakel
EpAr	=	Aristeasbrief (ca. 120 v. Chr.)			(jüd. Propagandaschrift 1. Jh. v. Chr.-2. Jh. n. Chr., christl. überarbeitet)
Josephus	=	Josephus Flavius (jüd. Schriftsteller, geb. 37/38 n. Chr., gest. nach 100 n. Chr. in Rom)	Philo	=	Philon von Alexandrien (jüd. Religionsphilosoph, ca. 20 v. Chr.–50 n. Chr.)
Josephus ant	=	Josephus, antiquitates Iudaicae	Philo vitMoys	=	Philon, vita Moysis
Josephus bell	=	Josephus, bellum Iudaicum	Philon specleg	=	Philon, de specialibus legibus
Josephus c. Ap.	=	Josephus, contra Apionem	1QS	=	Gemeinderegel aus Qumran
LXX	=	Septuaginta (griech. Übersetzung des Alten Testaments)	TestXII	=	Testamente der zwölf Patriarchen (2. Jh. v. Chr., christl. überarbeitet)
3., 4. Makk	=	3., 4. Buch der Makkabäer (1. Jh. v. Chr., 1. Jh. n. Chr.)	TestDan	=	Testament des Dan

Nichtchristliches griechisches und römisches Schrifttum

Epiktet	=	Epiktet (ca. 50–130 n. Chr., Hauptvertreter der jüngeren Stoa)	Plutarch	= Plutarch (ca. 50–120 n. Chr., popularphilosoph. Schriftsteller, Vertreter des kaiserzeitlichen Platonismus)
Plato	=	Platon (428–348 v. Chr., athenischer Philosoph)		
Plinius ep.	=	Plinius d. Jüngere (ca. 61–112 n. Chr., römischer Rhetor und Staatsmann), Briefe	Seneca	= Lucius Annaeus Seneca (4 v. Chr.–65 n. Chr., stoischer Philosoph und römischer Staatsmann)

Christliches Schrifttum 1./2. Jh. n. Chr. und später

Barn	=	Barnabasbrief (ca. 130/140 n. Chr.)	Justin, Apol =	Justin der Märtyrer († um 165 n. Chr.), Apologie
Did	=	Didache (Lehre der 12 Apostel, um 100 n. Chr.)	Justin dial =	Justin der Märtyrer, dialogus cum Tryphone Iudaeo
Hippolyt ref	=	Hippolytos von Rom (160–235 n. Chr.), refutatio omnium haeresium	Kl Alexandrinus str =	Klemens von Alexandrien († vor 215 n. Chr.), stromata
Ignatius	=	Ignatius von Antiochien (Märtyrer um 115 n. Chr.)	1. Kl	= 1. Klemensbrief (ca. 96 n. Chr., Rom)
Ign Eph	=	Ignatius von Antiochien, Brief an die Epheser	2. Kl	= 2. Klemensbrief (Mitte 2. Jh.)
Ign Magn	=	Ignatius von Antiochien, Brief an die Magnesier	Origenes c. Cels.	= Origenes (ca. 185–254/55 n. Chr.), contra Celsum
Ign Trall	=	Ignatius von Antiochien, Brief an die Trallianer		
Ign Smyrn	=	Ignatius von Antiochien, Brief an die Smyrnäer	Tatian or	= Tatian (2. Hälfte des 2. Jh. n. Chr.), oratio ad Graecos
Ign Pol	=	Ignatius von Antiochien, Brief an Polykarp	Tert Apol	= Tertullian († nach 220 n. Chr.), Apologeticum
Iren adv haer	=	Irenäus, Bischof von Lyon († ca. 202 n. Chr.), adversus haereses	Tert res	= Tertullian, de resurrectione
			Tert scorp	= Tertullian, scorpiace

Einleitung

1. Im Neuen Testament sind dreizehn Briefe unter dem Namen des Apostels Paulus überliefert. Vier Briefe sind nicht an eine oder mehrere Gemeinden, sondern an Einzelpersonen gerichtet: der Brief an Philemon, die Briefe an Timotheus und der Brief an Titus. Doch werden im Philemonbrief als weitere Adressaten auch noch Apphia, Archippos und die Hausgemeinde genannt, so daß nur die Briefe an Timotheus und Titus in dieser Hinsicht für sich stehen. Sie gehören auch vom Inhalt her eng zusammen, geht es doch in ihnen um die Führung des gemeindlichen Hirtenamtes. Von daher hat sich die in der Mitte des 18. Jahrhunderts aufgekommene zusammenfassende Bezeichnung Pastoralbriefe eingebürgert.

2. Die Gemeinsamkeiten, die die drei Pastoralbriefe verbinden und zugleich von den übrigen Paulusbriefen abheben, gehen weit über diese äußeren Feststellungen hinaus.

Zum einen gibt es eine Reihe von Begriffen und Wortverbindungen, die sich so nur in den Pastoralbriefen finden. Dazu gehören:

»Frömmigkeit« (eusebeia): 1. Tim 2,2; 3,16; 4,7.8; 6,3.5.11; 2. Tim 3,5; Tit 1,1
»fromm leben« (eusebōs zēn): 2. Tim 3,12; Tit 2,12
»gesunde Lehre«: 1. Tim 1,10; 2. Tim 4,2; Tit 1,9; 2,1
»Erkenntnis der Wahrheit«: 1. Tim 2,4; 2. Tim 2,25; 3,7; Tit 1,1
»gute Werke«: 1. Tim 2,10; 5,10.25; 6,18; Tit 2,7.14; 3,8.14
»zuverlässig ist das Wort«: 1. Tim 1,15; 3,1; 4,9; 2. Tim 2,11; Tit 3,8
»ungeheuchelter Glaube«: 1. Tim 1,5; 2. Tim 1,5
»reines Gewissen«: 1. Tim 3,9; 2. Tim 1,3
»anvertrautes Gut« (parathēkē): 1. Tim 6,20; 2. Tim 1,12.14

Zum anderen fehlen in den Pastoralbriefen zentrale paulinische Begriffe wie »Gerechtigkeit Gottes«, Freiheit, Kreuz, Sohn Gottes, Offenbarung, »Leib Christi« und die Antithese von Fleisch und Geist. Außerdem fehlen manche Partikeln und Konjunktionen, die für den Stil der übrigen Paulusbriefe charakteristisch sind. Zwar hat man zu Recht darauf hingewiesen, daß Paulus in jedem seiner Briefe einen gewissen Sonderwortschatz verwendet, aber mit modernen sprachstatistischen Methoden wurde nachgewiesen, daß sich die Pastoralbriefe in dieser Hinsicht erheblich von den anderen Paulinen unterscheiden. Schließlich lassen sich auch im Gebrauch mancher typisch paulinischer Begriffe (Glaube, Gnadengabe, »in Christus«) inhaltliche Veränderungen feststellen.

All' diese Beobachtungen lassen die Frage aufkommen: Spricht hier wirklich Paulus?

3. Diese Frage verstärkt sich, wenn wir die in den Pastoralbriefen vorausgesetzten Situationen näher betrachten.

3.1 Zwei Briefe sind an Timotheus gerichtet, der in mehreren Paulusbriefen und in der Apostelgeschichte wiederholt erwähnt wird. Er stammte aus Lystra in Galatien und war Sohn eines heidnischen Vaters und einer jüdischen Mutter (Apg 16,1). Paulus selbst hatte ihn zum Christentum bekehrt (1. Kor 4,17); daß er ihn auch »mit Rücksicht auf die Juden« habe beschneiden lassen (Apg 16,3), ist angesichts der grundsätzlichen Problematik der Beschneidung, wie sie Paulus im Galaterbrief darstellt, sehr unwahrscheinlich. Seit der sog. 2. Missionsreise (Apg 16 ff.) war Timotheus Mitarbeiter des Paulus. Im 1. Thessalonicherbrief, dem ältesten erhaltenen Paulusbrief, wird er zusammen mit Silvanus als Mitabsender genannt (1. Thess 1,1), womit weniger die Mitverfasserschaft als die verantwortliche Position im paulinischen Missionswerk herausgestellt wird; im 2. Korintherbrief, Philipperbrief und Philemonbrief ist Timotheus als einziger Mitabsender erwähnt. Wiederholt mußte er im Auftrag des Apostels Gemeinden besuchen. So durfte er die noch ungefestigte Gemeinde von Thessalonich in Anfechtungen stärken (1. Thess 3,2 f.), die zerstrittene Gemeinde von Korinth an die paulinische Verkündigung erinnern (1. Kor 4,17; 16,10 f.) und der Gemeinde von Philippi einen Brief des gefangenen Apostels überbringen (Phil 2,19.23). Paulus empfiehlt ihn als sein »geliebtes und zuverlässiges Kind im Herrn« (1. Kor 4,16), als einen Mann, der in gleich aufrichtiger Weise um die Gemeinde besorgt ist wie er selbst (Phil 2,20 f.; vgl. 1. Kor 16,10), so daß Timotheus gewissermaßen den abwesenden Apostel repräsentiert. Noch im Römerbrief, der kurz vor dem letzten Jerusalembesuch des Paulus geschrieben wurde, ist er als Mitarbeiter erwähnt (Röm 16,21; vgl. Apg 20,4).

Der 1. Timotheusbrief setzt voraus, daß Paulus Ephesus verlassen hat und nach Mazedonien gereist ist, während Timotheus in Ephesus zurück blieb. Das läßt an die in Apg 19,21 geschilderte Situation denken, aber nach Apg 19,22 hat Paulus damals Timotheus nach Mazedonien vorausgeschickt und ist später mit ihm wieder zusammengetroffen, wie der aus Mazedonien abgesandte 2. Korintherbrief belegt (2. Kor 1,1). Somit läßt sich der 1. Timotheusbrief in die uns bekannte Biographie des Paulus nicht einordnen. Die Situationsangaben des Briefes sind aber auch in sich nicht schlüssig. Paulus hat bis vor kurzem zusammen mit Timotheus in Ephesus gewirkt; warum gibt er ihm die mündlichen Weisungen nochmals schriftlich, obwohl er doch bald wieder nach Ephesus kommen will (3,14)? Und wieso wird sogleich auch die Möglichkeit einer Verzögerung des Kommens angedeutet (3,15)? Schließlich wird man fragen dürfen, ob Paulus einem langjährigen und bewährten Mitarbeiter wirklich erst schreiben mußte, »wie man im Hause Gottes wandeln soll« (1. Tim 3,15), ob er ihm so elementare Anweisungen über das Gebet (1. Tim 2,1 ff.) geben oder seinen Apostolat mit einem Schwur bekräftigen mußte (1. Tim 2,7).

Auch der 2. Timotheusbrief weckt derartige Fragen.

Paulus ist in Gefangenschaft, wahrscheinlich in Rom (1,17) und erwartet seinen Tod (4,6). Er beordert Timotheus zu sich und bittet ihn, einen in Troas zurückgelassenen Mantel und Bücher mitzubringen. Wozu braucht er sie in dieser Lage?

Eine unübersehbare Spannung besteht sodann zwischen der Klage über die Verlassenheit des Apostels (4,11) und den Grüßen, die ihm ein nicht ganz kleiner Freundeskreis aufträgt (4,21). Nach 4,20 erkrankte Trophimus unterwegs und wurde in Milet zurückgelassen; nach Apg 21,19 begleitete er Paulus bis nach Jerusalem. So ist dieses Detail wiederum in die uns bekannte Biographie des Paulus nicht einzuordnen. Auch der Hinweis auf die Frömmigkeit der Großmutter und der Mutter des Timotheus (1,5) ist problematisch: Da die Mutter in einer vom Gesetz verbotenen Mischehe lebte, dürfte sie eher religiös indifferent gewesen sein. Nur mit fragwürdigen psychologisierenden Überlegungen wird man erklären können, daß der treue Timotheus hier ermahnt wird, sich des Evangeliums und des gefangenen Apostels nicht zu schämen (1,8).

3.2 Im Blick auf Titus und den an ihn gerichteten Brief erheben sich ähnliche Fragen.

Titus war Heidenchrist aus Antiochia. Paulus nahm ihn als Begleiter mit zum Apostelkonvent in Jerusalem (Gal 2,1–3); er muß also ein wichtiger Mann in der Gemeinde und kompromißloser Verfechter paulinischer Theologie gewesen sein. Später spielte er eine hilfreiche Rolle im Konflikt zwischen Paulus und der korinthischen Gemeinde. Nach einem unglücklich verlaufenen Besuch schickte ihn Paulus nach Korinth, wahrscheinlich als Überbringer des sog. Tränenbriefes (2. Kor 2,4); Titus konnte den ihm entgegenreisenden Apostel (2. Kor 2,12f.) mit der Nachricht von einem positiven Gesinnungswandel der Korinther erfreuen (2. Kor 7,6–16). Darauf sandte Paulus ihn nochmals nach Korinth, um die auf dem Apostelkonvent beschlossene Kollekte für Jerusalem zu Ende zu führen (2. Kor 8,16.16f.). Dieser die Einheit der Kirche aus Juden- und Heidenchristen bezeugenden Sammlung scheint der besondere Einsatz des Titus gegolten zu haben; im Hinblick darauf nennt ihn Paulus »mein Teilhaber« und »mein Mitarbeiter, der für euch tätig ist« (2. Kor 8,23).

In der Apostelgeschichte wird Titus nie erwähnt. Man hat ansprechend vermutet, dieses Schweigen könnte mit dem Engagement des Titus für das letztlich gescheiterte und von Lukas verdrängte Kollektenwerk zu tun haben. Die spätere kirchliche Hagiographie hat das Leben des Titus umso mehr ausgeschmückt.

Die Situationsangabe des Titusbriefes erinnert stark an die des 1. Timotheusbriefes: Paulus hat Titus nach gemeinsamer Missionsarbeit auf Kreta zurückgelassen, um die Kirchen dort zu organisieren und Ketzer zu bekämpfen. Allerdings geben weder die unbestrittenen Paulusbriefe noch die Apostelgeschichte irgendeinen Hinweis auf eine missionarische Tätigkeit des Paulus auf Kreta, und das Bild des Titus als Mitarbeiters in der Mission entspricht nicht dem, was wir aus den Paulusbriefen entnehmen können. Der Winteraufenthalt in einer nicht näher bezeichneten Stadt namens Nikopolis (3,12) läßt sich in der Biographie des Paulus, soweit sie uns bekannt ist, nicht unterbringen. Eine unübersehbare Spannung besteht zwischen der Aufforderung, Titus möge eilends zum Apostel kommen (3,12), und seinen Auftrag, von Stadt zu Stadt zu ziehen und Presbyter einzusetzen (1,5).

4. Wie hat man die in ihrer Gesamtheit doch erheblichen philologischen und historischen Probleme der Pastoralbriefe zu erklären versucht?

Die Unvereinbarkeit der biographischen Angaben der Pastoralbriefe mit der Apostelgeschichte und den unbestrittenen Paulusbriefen (also Röm/1. Kor/2. Kor/Gal/Phil/Phlm) wird immer wieder dadurch abgemildert, daß man an die Zufälligkeit der erhaltenen Paulusbriefe und an die Lückenhaftigkeit der Apostelgeschichte erinnert. Natürlich könnte man beispielsweise vor der letzten Jerusalemreise (Apg 20,3) von Korinth aus einen Abstecher nach Kreta unterbringen. Aber mehr als eine Möglichkeit ist das nicht.

Öfter wird versucht, die Pastoralbriefe in einer angeblichen zweiten Wirkungsperiode des Paulus unterzubringen. Er sei nach der in Apg 28 berichteten Gefangenschaft in Rom freigekommen und habe danach eine zeitlang im Osten gewirkt. Diese Hypothese stützt sich vor allem auf den aus Rom stammenden 1. Klemensbrief, in dem es heißt, Paulus sei vor seinem Märtyrertod »bis zum äußersten Westen gelangt« (1. Klem 5,7). Wenn dies zutrifft, muß Paulus in der Tat aus der römischen Haft freigekommen sein. Aber es ist denkbar, daß die Bemerkung des 1. Klemensbriefes aus den in Röm 15,24 geäußerten Reiseplänen des Apostels herausgesponnen wurde; zudem müßte man postulieren, Paulus habe seine Reisepläne geändert und entgegen Röm 15,23 doch wieder im Osten gewirkt. Übrigens scheint auch die Apostelgeschichte darum zu wissen, daß Paulus nach seiner Romreise nicht mehr im Osten tätig war (vgl. Apg 20,25ff.; 21,10ff.). Somit dürfte dieser Lösungsversuch nicht tragfähig sein.

Die sprachlichen Eigentümlichkeiten der Pastoralbriefe werden gerne mit dem zunehmenden Alter und der veränderten Situation des Apostels erklärt, wobei die eben abgewiesene Spätdatierung vorausgesetzt ist. Aber damit ließe sich im besten Falle doch wohl nur ein Teil der sprachlich-stilistischen Unterschiede verständlich machen.

Auch die missionarische Maxime, den Juden ein Jude und den Griechen ein Grieche zu werden (1. Kor 9,20ff.), sollte man in diesem Zusammenhang nicht überstrapazieren. Die beiden Korintherbriefe und der Galaterbrief zeigen deutlich, daß Paulus auch Heidenchristen mit schwierigen schriftgelehrten Deduktionen nicht verschonte (vgl. 1. Kor 10,1ff.; 2. Kor 3,6ff.; Gal 3/4).

Ein weiterer Versuch, die sprachlichen Unterschiede der Pastoralbriefe zu den unbestrittenen Paulusbriefen zu erklären, ist die Annahme, die Pastoralbriefe seien von einem Sekretär des Paulus nach dessen Anweisungen selbständig geschrieben worden. Daß Paulus einen engen Mitarbeiter gehabt haben könnte, der sich einer so stark hellenisierten Terminologie und nicht derjenigen des Meisters bediente, ist möglich, wenn auch nicht wahrscheinlich. Und bei der Annahme einer so weitgehenden Mitwirkung des Sekretärs an der Ausformulierung der Briefe müßte man doch wohl seine Nennung als Mitabsender erwarten. Die Unstimmigkeiten in den vorausgesetzten Briefsituationen und die theologischen Unterschiede bleiben ohnehin unerklärt. Man wird auch fragen müssen, ob die Sekretärshypothese wirklich das leistet, was sie leisten soll, nämlich den Anstoß an einem pseudepigraphischen, d.h. unter falscher Verfasserangabe umlaufenden Brief zu beheben; denn letztlich wäre es ja doch der Sekretär, der hier zu Wort käme, und nicht Paulus.

Auf der Suche nach einem möglichen Sekretär des Paulus hat die Bemerkung in 2. Tim 4,11, Lukas habe treu beim gefangenen Apostel verharrt, eine Spur gewiesen: Könnte nicht Lukas dieser Sekretär gewesen sein? Man hat eine Reihe von sprachlich-stilistischen Berührungen, aber auch sachliche Übereinstimmungen zwischen den Pastoralbriefen und dem lukanischen Doppelwerk (Lk/Apg) entdeckt: das Interesse am kirchlichen Amt, das Zurücktreten der Enderwartung und die positive Stellung zu Staat und Gesellschaft. Da diese Gemeinsamkeiten aber deutlich in die nachpaulinische Zeit weisen, wird die lukanische Verfasserschaft der Pastoralbriefe neuerdings auch ohne Annahme einer persönlichen Beziehung zwischen Lukas und Paulus vertreten. Gegenüber beiden Varianten wird man fragen müssen, ob die Gemeinsamkeiten wirklich den Schluß auf den gleichen Verfasser erlauben; sie verweisen doch nur auf ein ähnliches kirchliches Milieu. Mindestens ein wesentlicher Unterschied muß bedacht werden: Lukas hat den Aposteltitel streng auf den Zwölferkreis beschränkt (s. den Komm. zu Apg 1,21), während für die Pastoralbriefe die apostolische Norm ausschließlich durch Paulus verkörpert wird. Das läßt die lukanische Verfasserschaft der Pastoralbriefe extrem unwahrscheinlich werden.

5. Da die Annahme paulinischer Verfasserschaft zu kaum lösbaren Aporien führt und die Sekretärshypothese bestenfalls einzelne Probleme lösen kann, wird man sich der Einsicht nicht verschließen dürfen, daß die Briefe an Timotheus und Titus weder unmittelbar noch mittelbar von Paulus stammen, sondern von einem Schüler oder Schülerkreis des Paulus aus späterer Zeit.

Diese Einsicht befreit den Ausleger und Leser von der Nötigung, über viele Eigentümlichkeiten der Pastoralbriefe hinwegzusehen oder sie krampfhaft mit den anderen Paulusbriefen zu harmonisieren; sie befreit ebenfalls die Pastoralbriefe dazu, ihr eigenes Zeugnis in ihre eigene Zeit hineinsprechen zu können. Die ganze folgende Auslegung wird zeigen, daß Eduard Schweizer zu Recht feststellt: »Die besondere Botschaft dieser Briefe kann man eigentlich erst erkennen, wenn man einsieht, daß hier nicht Paulus schreibt, sondern ein Späterer in einer völlig anderen Situation« (Theologische Einleitung in das NT, GNT 2, 1989, S. 94).

Es sei nicht verschwiegen, daß die Ansetzung in nachpaulinischer Zeit die Absenderangaben der drei Briefe als falsch erweist. Man machte es sich sicher zu leicht, wenn man von modernen Vorstellungen über Urheberrecht, geistiges Eigentum u. dgl. aus ein moralisches Verdikt über solche »Fälschung« fällte. Aber man machte es sich auch zu leicht, wenn man einfach darauf verwiese, daß solche falschen Verfasserangaben in der philosophischen und religiösen Literatur der jüdischen und heidnischen Umwelt häufig vorgekommen seien; denn es hat auch schon damals Kritik an diesem Stilmittel gegeben. Auch wenn uns Kriterien zur angemessenen Beurteilung des Phänomens der Pseudepigraphie noch nicht zur Verfügung stehen, müssen wir doch erkennen, daß auch das Urchristentum in der zweiten und dritten Generation sich dieses Stilmittels bedient hat: Neben den Pastoralbriefen wird man die Briefe an die Kolosser und Epheser und die beiden Petrusbriefe zu den Pseudepigraphen rechnen müssen. In der Zeit nach dem Tode der Apostel war offensichtlich ein Autoritätsvakuum eingetreten, das den Rückgriff auf die großen Glaubenszeugen des Anfangs besonders dringlich machte. Die entscheidende Frage, die später zu erörtern sein wird, dürfte doch die sein, ob der Rückbezug auf Paulus sachlich zu Recht behauptet wird.

6. Was können wir über die historische Situation der Pastoralbriefe sagen?

Die Kirche, von der die Pastoralbriefe sprechen, ist zwar noch immer die Ortsgemeinde, aber diese ist nicht mehr die kleine, weithin unbeachtete Hausgemeinde der Anfangszeit, sondern eine Institution, die nach dem Modell des (antiken) Hauses geordnet werden soll (1. Tim 3,15; 2. Tim 2,20f.; Tit 1,7). Sie ist ins Blickfeld der Öffentlichkeit getreten, so daß ihre Führungspersönlichkeiten und ihre Glieder Rücksicht auf die Reaktionen der Umwelt nehmen müssen (1. Tim 3,7.10; 5,8.14; 6,1; Tit 2,5.8).

Die auf der Ebene der fiktiven Briefsituation gegebenen Hinweise auf das Fernsein und Fernbleiben des Apostels weisen in der Realität ebenso auf die nachpaulinische Zeit wie die Sorge um die rechte Traditionsvermittlung.

Ein fortgeschrittenes Stadium läßt auch die abgeblaßte Enderwartung erkennen. Das Auftreten von Irrlehrern wird fiktiv als Zeichen der Endzeit angesagt (1. Tim 4,1; 2. Tim 3,1), meint aber in Wirklichkeit eine Bedrohung des wirklichen Autors und des wirklichen Lesers. Damit wäre die Gegenwart des Autors und seiner Leser als Endzeit qualifiziert; aber dennoch ist nie von der baldigen Wiederkunft Jesu Christi die Rede. Vielmehr »wird Gott die Erscheinung (Epiphanie) unseres Herren Jesus Christus zur rechten Zeit herbeiführen« (1. Tim 6,14; vgl. 2. Tim 4,7; Tit 2,12f.). D.h.: In der »Endzeit« zu leben bedeutet nicht mehr, mit dem baldigen Ende zu rechnen.

Weil die Enderwartung nicht mehr akut ist, muß für stabile Ordnungen und Ämter in der Gemeinde gesorgt werden. Diese Problematik wird in allen Schriften der dritten christlichen Generation sichtbar, etwa in der Apostelgeschichte oder im 1. Klemensbrief.

Dieser Ansatz wird auch durch die Tatsache gestützt, daß sich viel sprachliches Vergleichsmaterial in Dokumenten des ausgehenden 1. Jahrhunderts findet.

In dieser Zeit weist schließlich auch die in den Pastoralbriefen bekämpfte Irrlehre. Sie tritt mit dem — vom Verfasser abgewiesenen — Anspruch auf, besondere »Erkenntnis«, »Gnosis« zu bringen (1. Tim 6,20; vgl. Tit 1,15). Nach diesem zentralen Stichwort bezeichnet man eine vielgestaltige spekulative Strömung außerchristlichen Ursprungs, die sich im 2. Jahrhundert mit christlichen Elementen angereichert hat und zu einer erheblichen Konkurrentin der Kirche wurde. Während die Apostelgeschichte noch keinerlei Hinweise auf die gnostische Gefahr gibt, lassen einige in unseren Briefen angedeutete Züge der Irrlehre auf eine frühe Form der Gnosis schließen: die leibfeindliche Askese (1. Tim 4,3), die spekulative Exegese des Alten Testaments (Tit 1,14) und die Betonung der Gegenwartseschatologie (2. Tim 2,18).

Alle diese Indizien lassen eine Datierung der Pastoralbriefe in die Zeit um 100 nach Chr. als wahrscheinlich erscheinen.

7. Die Pastoralbriefe lassen einige Rückschlüsse auf ihren realen Autor zu.

Der Verfasser bedient sich der gehobenen Umgangssprache seiner Zeit, ohne jedoch höheren literarischen Ansprüchen zu genügen. Wortschatz und Gedankenwelt berühren sich mit der hellenistisch-römischen Popularphilosophie, die freilich auch Eingang ins Diasporajudentum gefunden hatte; so finden wir die Empfehlung ähnlicher Tugenden und die Warnung vor ähnlichen Lastern bei Seneca und Epiktet ebenso wie bei Philo. Bei der Zeichnung der Gegner bedient sich der Verfasser gewisser Klischees, die sich in der philosophischen Polemik gegen die Sophisten teilweise schon seit Platon finden.

Literarische Vorbilder für den 1. Timotheusbrief und den Titusbrief finden wir in der Umwelt. Die sog. Sokratikerbriefe, die pseudepigraphisch unter dem Namen des Sokrates oder seiner Schüler umliefen, sind ähnliche Schriften paränetischen Inhaltes, in denen Vorschriften und Weisungen mehr oder weniger unverbunden aneinandergereiht und durch positive oder negative persönliche Beispiele begründet werden. Für die literarische Gestalt beider Briefe gibt es auch Parallelen in amtlichen Schreiben, mit denen Herrscher oder höhere Amtsträger Weisungen an untergeordnete Mandatsträger übermitteln; solche Instruktionen sind zum Teil für die eigene Amtsführung, zum Teil für die Weitergabe an die ihnen Unterstellten bestimmt.

Der 2. Timotheusbrief ist zwar auf einen ganz anderen Ton gestimmt, aber auch er orientiert sich an literarischen Vorbildern. Er beginnt als einziger der Pastoralbriefe mit einer Danksagung, womit er nicht nur an die Paulusbriefe (und speziell an Röm 1,8–11) anknüpft, sondern die Topik des antiken Freundschaftsbriefes aufnimmt. Die Darstellung des dem Tode entgegengehenden Apostels, der seinen Schüler und Nachfolger zur gleichen Bereitschaft zur Übernahme von Mühen und Leiden im Dienst am Evangelium bewegen will, entspricht in manchem der sog. Testamentsliteratur, die besonders im hellenistischen Judentum verbreitet war (Testamente der 12 Patriarchen!). Einem religiösen Führer wird eine Rede in den Mund gelegt, mit der er angesichts seines bevorstehenden Todes seine Nachkommen oder seine Gruppe dazu verpflichtet, sich weiterhin an seinem Vorbild und an seiner Lehre zu orientieren; er sagt auch künftigen Abfall von der Tradition voraus, und diese Vorhersage bezieht sich natürlich auf die Zeit des wirklichen Verfassers der Schrift. Im Neuen Testament sind die Abschiedsreden des johanneischen Christus (Joh 14–17) und besonders die Abschiedsrede des lukanischen Paulus vor der ephesinischen Ältesten (Apg 20, 17–35) zu vergleichen.

Solches Nebeneinander von typisch hellenistischen und jüdischen Vorbildern ist für den Verfasser der Pastoralbriefe charakteristisch. Das läßt sich auch an seinen christologischen Aussagen beobachten. Er bezeichnet den Christus Jesus häufig mit dem Titel »Retter« (Soter), der gerne für hellenistische Gottheiten verwendet wurde, und den Paulus nur ein einziges Mal gebraucht (Phil 3,20; wahrscheinlich ein Zitat aus einem vorpaulinischen Lied!). Anstelle des apokalyptischen Begriffes »Wiederkunft« (Parusie) übernimmt er den in der heidnischen Umwelt für das helfende Eingreifen von Göttern und Heroen geläufigen Begriff »Erscheinung« (Epiphanie).

Diese »moderne« Terminologie verknüpft der Verfasser freilich mit christologischen Sätzen, die offenbar sehr alt sind und aus dem Judenchristentum stammen dürften. So berührt sich 1. Tim 1,16 mit Lk 19,10 und 1. Tim 2,6 mit Mk 10,45. Neben solchen Anklängen an die palästinische Jesusüberlieferung steht der Ruf 2. Tim 2,8, der an das judenchristliche Bekenntnis erinnert, das Paulus in Röm 1,3f. zitiert (s. den Kommentar zu dieser Stelle). Die Formel Tit 2,14 zitiert das Alte Testament, und für das Christuslied 1. Tim 3,16 läßt sich zeigen, daß es auf dem Hintergrund jüdischer Mystik zu verstehen ist.

8. Wenn der Verfasser seine Argumentation mit solchen christologischen Formeln und Liedern stützt, erwartet er doch wohl, daß die Angesprochenen damit übereinstimmen. Ist aber den Gemeinden, für welche die Pastoralbriefe bestimmt sind, eine judenchristliche Christologie vertraut, dann wird man fragen müssen, ob es sich um paulinische Gemeinden handelt.

Andere Beobachtungen verstärken diese Frage. Die feierlichen Formeln 1. Tim 1,17; 6,15f. erinnern an liturgische Formeln des hellenistischen Judentums. Die in 1. Tim 2,11f. erkennbare religiöse Geringschätzung der Frau ist sicher nicht nur jüdisch, sondern gemeinantik. Die Begründung aber mit Hilfe einer tendenziösen Auslegung der Schöpfungs- und Sündenfallgeschichte (1. Tim 2,13f.) ist sicher jüdisch — judenchristlich. Wenn die Irrlehrer mit Jannes und Jambres verglichen werden, so werden damit die in jüdischen Legenden genannten Namen der ägyptischen Zauberer in der Gemeinde als bekannt vorausgesetzt (2. Tim 3,8).

Ein weiteres Indiz für die judenchristliche Prägung der angesprochenen Gemeinden könnte sich auch im Blick auf die Frage nach den kirchlichen Ämtern ergeben, die für die Pastoralbriefe zentral ist. Zum einen wird das Ältestenamt vorausgesetzt (1. Tim 4,14; 5,17ff.; Tit 1,5), dessen früheste Spuren in der Jerusalemer Gemeinde (Apg 15,2.4.22f.; 21,18) und in anderen judenchristlichen Gemeinden (Apg 11,30; 14,23; Jak 5,14) zu finden sind. Zum anderen gibt es in den Gemeinden der Pastoralbriefe auch das Amt des Episkopos (Gemeindeleiter, »Bischof«) und das der Diakone (1. Tim 3,1-7; Tit 1,7; 1. Tim 3,8-13); diese Ordnung ist nur aus dem paulinischen Missionsgebiet belegt (Phil 1,1). Das Nebeneinander der judenchristlichen (und letztlich wohl aus der Synagoge übernommenen) Ältestenverfassung und der in paulinischen Gemeinden aufgekommenen (und wohl aus dem hellenistischen Vereinsleben übernommenen) Episkopen-Diakonen-Verfassung wird mit Recht dahingehend erklärt, daß der Verfasser eine »Verschmelzung« beider Verfassungsformen erstrebe. Nun muß aber auffallen, daß die Existenz von Ältesten (Presbytern) im 1. Timotheusbrief einfach vorausgesetzt wird, während die Ausführungen über den »Bischof« mit einem Empfehlungsspruch beginnen (1. Tim 3,1) und — ebenso wie für die Diakone — eingehende Auswahlkriterien nennen. Der größte Teil der geforderten Eigenschaften entspricht dem, was in zeitgenössischen Berufspflichtenlehren z.B. für Feldherren gefordert wird; eine ganz spezifische Anforderung an den Bischof dagegen ist die Befähigung zum Lehren (1. Tim 3,1; Tit 1,9). Während die Lehrtätigkeit für den Bischof grundlegend wichtig ist, gibt es unter den Presbytern nur einzelne, die sich damit abmühen (1. Tim 5,17). Indem die Leitung des Wortgottesdienstes an

Timotheus delegiert wird (1. Tim 4,13), wird dies auch Aufgabe des an seinem Vorbild ausgerichteten »Bischofs«.

Diese Sachverhalte erklären sich am einfachsten mit der Annahme, in den Gemeinden sei das Presbyteramt bekannt gewesen, während der Briefverfasser das Episkopen/Diakonen-Modell einführen will. In der Krisensituation, die durch das massive Auftreten der Irrlehrer ausgelöst worden war, genügte es nicht mehr, daß die Gemeinden durch ein Gremium von Honoratioren geleitet wurden, die sich ihrem Ehrenamt mit sehr unterschiedlichem Einsatz und sehr unterschiedlicher Sachkenntnis widmeten. Die Krise forderte eine straffere Organisation und insbesondere einen Gemeindeleiter mit theologischem Urteilsvermögen. Das Presbyterium soll zwar nicht ausgeschaltet, aber doch in den Hintergrund gedrängt werden, indem der dem Vorbild des Timotheus entsprechende »Bischof« Disziplinargewalt über die Presbyter (1. Tim 5,19 ff.) und das Ordinationsrecht (1. Tim 5,22.24 f.) erhält. Aus Tit 1,6 ff. wird man schließen dürfen, daß der Episkopos in der Regel aus dem Kreis der Presbyter kam.

Die umgekehrte Annahme, in eine ursprünglich »paulinische« Gemeindeorganisation solle das Ältestenamt eingeführt werden, ermangelt der schlüssigen Begründung.

Die Pastoralbriefe richten sich also an Gemeinden mit judenchristlich geprägter Theologie und Organisation. Zur Zeit der Abfassung bestanden diese Gemeinden sicher ganz überwiegend aus Heidenchristen; ein lebendiges Gegenüber zum Judentum ist nicht zu erschließen. Selbst die Hinweise auf jüdische Elemente in der Irrlehre (Tit 1,10.14) sind eher marginal und vielleicht nur als Reminiszenz an den historischen Paulus zu sehen, dessen Kampf gegen die Judaisten in den Briefen so starke Spuren hinterlassen hatte.

Wo finden wir eine heidenchristliche Gemeinde mit judenchristlich grundierter Theologie, in der gleichwohl auch Paulus eine hohe Wertschätzung zuteil wird, und in der schon frühzeitig mit dem Auftreten gnostisierender Irrlehrer gerechnet werden kann? Alle diese Gegebenheiten könnten auf Rom zutreffen. Der im Jahr 96 n. Chr. von Rom aus geschriebene 1. Klemensbrief läßt jedenfalls erkennen, daß in Rom solche theologischen Voraussetzungen zu finden waren, die mit einer (eher äußerlichen) Anerkennung des Paulus verbunden waren; auch die Amtsproblematik bewegt den Verfasser, wenngleich er das Bischofs- und Diakonenamt auf die Einsetzung durch die Apostel zurückführt (1. Klem 42), die damit eine unhinterfragbare kirchenrechtliche Ordnung geschaffen hätten; er zieht auch Parallelen zum alttestamentlichen Priesterdienst (1. Klem 40 f.). Wenn die Pastoralbriefe dagegen das Amt an die apostolische Tradition binden, stehen sie näher bei Paulus.

Mehr als eine plausible Annahme ist die römische Herkunft der Pastoralbriefe natürlich nicht.

Man könnte sich die Entstehung unserer Briefe auch in einer kleinasiatischen Gemeinde vorstellen. Der Missionar Paulus war dort sicher nicht vergessen; die Briefe an die Kolosser und Epheser lassen sogar die Existenz einer »Paulusschule« annehmen. Daß im ausgehenden 1. Jhdt. die gnostische Gefahr in diesem Raum akut war, belegen die Sendschreiben der Offenbarung des Johannes (Offb 2,14 f.

20f. 24). Die Auseinandersetzung mit der Gnosis war also nicht nur in der damaligen Reichshauptstadt, sondern auch in Kleinasien geboten.

9. Kann nach den bisherigen Darlegungen nicht mehr zweifelhaft sein, daß die Pastoralbriefe von einem Theologen (oder Theologenkreis) in nachpaulinischer Zeit geschrieben wurden, um im Namen des Paulus eine Krise zu meistern, so erhebt sich die Frage, mit welchem Recht denn die Autorität des Paulus in Anspruch genommen wurde.

Vielfach wird dieses Recht von Auslegern verneint. Man sieht in der Kirchenordnung der Pastoralbriefe »eine Vergesetzlichung und eine Verfälschung der paulinischen Theologie«, man behauptet, sie böten den »Ausverkauf der paulinischen Theologie unter ungünstigen Bedingungen« und forderte jüngst sogar ihre »Ent-Kanonisierung«, d.h. ihre Streichung aus der Bibel.

Solche Urteile sind zwar rhetorisch wirkungsvoll, aber sachlich unberechtigt.

9.1 Die theologische Basis der Pastoralbriefe ist die Rechtfertigungslehre. Das barmherzige Handeln Gottes in Christus schafft Heil für den Menschen, nicht seine eigene Leistung. Texte wie 2. Tim 1,8–10 und Tit 3,3–7 sagen das ganz klar aus. Sachlich stimmt das mit den Grundaussagen des Paulus von der Rechtfertigung allein aus Gnaden ohne Werke des Gesetzes überein (vgl. Gal 2,16; Röm 3,24; 11,6). Daß Paulus meist von »Werken des Gesetzes« spricht, ist aufgrund seiner Frontstellung gegen judenchristliche Missionare zu verstehen, die der Tora des Moses neben dem Christusereignis Heilsbedeutung zusprachen. Eine derartige Front ist nicht mehr vorhanden. Hätte sich der Verfasser der Pastoralbriefe dadurch als guter Pauliner erwiesen, daß er in paulinischer Begrifflichkeit an den aktuellen Problemen vorbeigeredet hätte? Wenn er dagegen in Tit 3,5 das Erbarmen Gottes gegen die Werke menschlicher Gerechtigkeit stellt, hat er die paulinische Problemstellung angemessen in seine Zeit transformiert.

Wenn in Tit 3,5f. das Taufgeschehen im Zusammemhang mit der Rechtfertigung genannt wird, so könnte man das insofern von Paulus abheben, als er meist Glauben und Rechtfertigung verbindet, man muß aber bedenken, daß in Gal 3,27 und Röm 6,1ff. auch von Paulus Taufe und Rechtfertigung zusammengeschaut werden.

Selbst die so unpaulinische Vorstellung einer »erziehenden Gnade« (Tit 2,11) ist darin noch Paulus verbunden, daß sie auf dem universalen Heilswillen Gottes beruht, der in der Selbsthingabe des Christus Jesus in Erscheinung getreten ist.

9.2 Die Pastoralbriefe zeigen ein großes Interesse an Handlungsanweisungen, sei es für Gemeindeleiter oder für die Stände in der Gemeinde. Hat sich die Ethik hier verselbständigt?

Daß die christliche Gemeinde für alle Menschen und sogar die heidnische Obrigkeit beten soll, wird durch eine christologische Formel begründet, die den universalen Heilswillen Gottes betont (1. Tim 2, 1–6). Die große »Ständetafel« Tit 2,2–10 wird ausdrücklich mit dem Erscheinen der für alle Menschen heilvollen Gnade Gottes begründet (Tit 2,11ff.). Die oben erwähnte »paulinische« Passage Tit 3,3–7 wird gewissermaßen gerahmt durch die Aufforderung, zu jedem guten Werk bereit zu sein bzw. sich guter Werke zu befleißigen (Tit 3,1.8). So steht der ethische Imperativ wie bei Paulus nicht auf sich selbst, sondern gründet im Indikativ des empfangenen Heils.

Umgekehrt erscheint das Verhältnis nur an einer Stelle, wenn es heißt, die Frauen würden gerettet durch Kindergebären (1. Tim 2,15). Zu dieser Formulierung scheint sich der Verfasser in der Hitze antignostischer Polemik hinreißen gelassen zu haben; sie ist von seinen eigenen theologischen Prämissen aus sachkritisch zu beurteilen, wie ja der Verfasser selbst im Nachsatz den Hinweis auf umfassende christliche Lebensgestaltung in Glaube, Liebe, Heiligung und Sittsamkeit angefügt hat.

Sind die Pastoralbriefe somit dem Zentrum paulinischer Theologie verbunden, so rezipieren sie weiterhin eine Reihe paulinischer Themen.

9.3 Das erste dieser Themen ist der Apostolat des Paulus. Paulus ist für den Verfasser der Apostel schlechthin; von anderen Aposteln vor oder neben Paulus ist nie die Rede. Besonders charakteristisch ist das Präskript zum Titusbrief: Paulus ist zum Apostel eingesetzt um des Glaubens der Auserwählten und um der Erkenntnis der Wahrheit willen, er wurde mit dem Dienst am Evangelium betraut, das seinen Ursprung in der Ewigkeit Gottes hat (Tit 1,1-4; vgl. 2. Tim 1,1-14). Den Zusammenhang zwischen Apostelamt und Beauftragung mit dem Evangelium hat auch Paulus herausgestellt (Röm 1,1-5; Gal 1,1-16); die Unüberbietbarkeit seines Evangeliums konnte er in polemischen Zusammenhängen ebenfalls betonen (Gal 1,6-9; 2. Kor 11,4).

9.4 Sodann ist die Darstellung des Apostels als Vorbild zu nennen. Paulus ist zunächst und zuerst das Urbild des rettenden Handelns Gottes (1. Tim 1,15f.). Daneben ist er mit seiner Lehre und seiner Lebensführung Vorbild für seinen Schüler Timotheus (2. Tim 3,10f.), der seinerseits wieder Vorbild der Gläubigen werden soll (1. Tim 4, 12f.). Der ganze 2. Timotheusbrief will das Leben und Wirken des Paulus als exemplarisch vorstellen, insbesondere seine Glaubensfestigkeit (1,3.12; 4,7), seine Leidensbereitschaft (1,8.12; 2,3.9f.; 3,10-12) und seine Bedürfnislosigkeit (4,9-12).

Anknüpfungspunkte in den unbestrittenen Paulusbriefen gibt es mehrfach. Im 1. Thessalonicherbrief, dem ältesten erhaltenen Paulusbrief, schreibt der Apostel, die Thessalonicher seien in der Annahme des Evangeliums seine Nachahmer und selbst zum Vorbild für alle Gläubigen in Mazedonien und Achaja geworden (1. Thess 1,6f.). Der Konzeption der Pastoralbriefe steht der Satz besonders nahe: »Was ihr gelernt und übernommen, was ihr gehört und an mir gesehen habt, das tut« (Phil 4,9; weitere Aufforderungen, Nachahmer des Paulus zu werden: 1. Kor 4,16; 11,1; Phil 3,17; Gal 4,12).

Auch der Gedanke, daß der Paulusschüler das Vorbild des Apostels wachhält und vermittelt, ist bei Paulus selbst schon angelegt (1. Kor 4,17).

Daß eine Generation, die sich dessen bewußt wird, daß sie in der nachapostolischen Zeit lebt, hier anknüpft, ist naheliegend: Indem man sich am Vorbild des Apostels ausrichtet, versucht man, die Rückbindung von Lehre und Leben an die normativen Anfänge des Glaubens zu sichern.

9.5 Die Pastoralbriefe heben die Leiden des Apostels stark hervor. Daß Paulus für das Evangelium und um des Evangeliums willen leidet, wird im 2. Timotheusbrief durchgehend herausgestellt. (2. Tim 1,8.10–12; 2,8f.; 4,5.17). Diesen Zusammenhang stellt auch Paulus selbst her (1. Thess 2,2; 1. Kor 9,12; Phlm 13; Phil 1,15ff.). Als tiefsten Grund für seine Leidensexistenz macht Paulus die Tatsache geltend, daß er Apostel des gekreuzigten Christus ist: In seinen Leiden nimmt er am Tod Jesu teil (Phil 3,10), er trägt »das Sterben Jesu an seinem Leibe« (2. Kor 4,10) und ist »mit Christus mitgekreuzigt« (Gal 2,19). Diese christologische Dimension des apostolischen Leidens wird in 2. Tim 2,8–13 sichtbar, wo der Verfasser aller Wahrscheinlichkeit nach ein vorgegebenes Lied zitiert, das vom Mitsterben mit Christus spricht und das er auf das Leiden des Apostels (V. 9f.) und der kirchlichen Amtsträger (V. 2–6) hin auslegt. Anderwärts wird das Leiden der Amtsträger mit dem vorbildlichen Leiden des Apostels in Verbindung gebracht (2. Tim 1,8; 2,3; 3,10f.). Darüber hinaus spiegelt die Leidensparänese unserer Briefe auch christliche Erfahrungen, wie der Satz zeigt: »Alle, die in Christus Jesus ein frommes Leben führen wollen, werden verfolgt werden« (2. Tim 3,12). Die schweren Zeiten unter dem Kaiser Domitian, die sich im 1. Klemensbrief und wohl auch in der Offenbarung des Johannes widerspiegeln, lassen eine solche Erwartung ebenso als realistisch erscheinen wie die Tatsache, daß Christsein grundsätzlich als Verbrechen galt (vgl. den Briefwechsel zwischen Plinius und Trajan, Plinius min. ep. X, 96 + 97).

9.6 Schließlich soll noch auf die oft vorkommende Wortgruppe »glauben/der Glaube« verwiesen werden. Hält man sich vor Augen, daß das Substantiv in den Pastoralbriefen 33 mal, im Römerbrief 38 mal und im Galaterbrief 22 mal vorkommt, dann sieht man, daß die Pastoralbriefe bewußt an Paulus anknüpfen. Freilich ist »Glaube« in den Pastoralbriefen oft als Glaubenswahrheit im Sinne des Bekenntnisses verstanden (1. Tim 1,19f.; 2,7; 3,9; 4,1.6; 6,21; 2. Tim 2,18; Tit 1,1). Daneben findet sich die formelhafte Wendung »im Glauben« (1. Tim 1,2.4; 2,7.15; Tit 3,15), die für die christliche Religion steht.

Nun hat Paulus sicher gewußt, daß der Glaube sich an fest formulierte Sätze halten kann (1. Thess 4,14; 1. Kor 15,1–8; Röm 10,9; 12,6). Aber meistens ist Glaube für Paulus das radikale Sich-Verlassen auf die Gnade Gottes in Christus (Röm 3,21–28; 4,4f.16; 5,1 u.ö.), wobei der Glaubende nicht mehr danach strebt, die Gesetzesgerechtigkeit zu erfüllen, sondern sich die Glaubensgerechtigkeit schenken läßt (Phil 3,9; Röm 1,17; 9,30–10,4). Diese in der Auseinandersetzung mit den Judaisten entwickelten Gedanken fehlen in den Pastoralbriefen; ihr Glaubensverständnis ist zweifellos flacher als das des Paulus.

Neben der fundamentalen Übereinstimmung in der Lehre von der Rechtfertigung des Sünders stellen wir also eine selektive Aufnahme anderer paulinischer Themen fest, die der Verfasser der Pastoralbriefe natürlich aus seiner Perspektive, nämlich der der nachapostolischen Zeit, betrachtete. Dadurch ist es je und dann zu perspektivischen Verkürzungen gekommen. Der moderne Ausleger mag auch beklagen, daß die aufgenommenen Themen nicht unbedingt zentral für Paulus seien, während aus seiner Sicht wichtigere Themen fehlen. Aber das berechtigt nicht dazu, die faktisch vorhandene Anknüpfung an Paulus zu leugnen. Und wann wäre ein so tiefer und spannungsreicher Theologe wie Paulus ohne Abstriche rezipiert worden?

Der erste Brief an Timotheus

1. Zuschrift und Segenswunsch (1,1-2)

1 Paulus, Apostel Christi Jesu gemäß der Anordnung Gottes, unseres Retters, und Christi Jesu, unserer Hoffnung, 2 an Timotheus, sein legitimes Kind im Glauben. Gnade, Erbarmen und Friede von Gott, dem Vater, und Christus Jesus, unserem Herrn.

Der 1. Tim beginnt wie alle Paulusbriefe mit einem dreiteiligen Präskript, das A Absender und Adressaten nennt und einen Segenswunsch ausspricht.

Die Hervorhebung der apostolischen Autorität finden wir auch in anderen Briefen; in Schreiben an gefährdete Gemeinden (1. Kor 1,1; Gal 1, 1 f.; 2. Kor 1,1) oder an die dem Paulus persönlich unbekannte römische Gemeinde (Röm 1,1-5) ist das naheliegend. Warum aber führt sich Paulus einem seiner zuverlässigsten Mitarbeiter gegenüber so offiziell ein (vgl. dagegen Phlm 1,1)? Auch die an 1. Kor 4,17 anknüpfende Prädizierung des Timotheus klingt unpersönlich (2. Tim 1,2 formuliert persönlicher); dem entspricht, daß auch sonst im Brief keine persönlichen Töne angeschlagen werden (5,23 ist anders zu verstehen, s. dort). Schließlich formuliert Paulus den Segenswunsch stets als direkten Zuspruch (»Gnade *mit euch* und Friede...«), so daß die hier vorliegende allgemeine Fassung darauf hinweist, daß der 1. Tim nicht als Schreiben des Paulus an seinen vertrauten Helfer, sondern als autoritative Weisung an von »Timotheus« repräsentierte Gemeindeleiter verstanden werden soll.

Paulus wird als »Apostel Christi Jesu« vorgestellt (vgl. Gal 1,1; 1. Kor 1,1; 2. B Kor 1,1). Auffällig ist aber, daß Gott und Christus als direkte Urheber des paulini- 1 schen Apostolates erscheinen, während Paulus selbst seinen Apostolat in der Berufung durch den Auferstandenen begründet (1. Kor 15,8 f.; Gal 1,1; Röm 1,5).

Die Bezeichnung Gottes als Retter (soter) nimmt eine im griechischen AT und im NT (Lk 1,47; Jud 25) selten, in der hellenistischen Umwelt aber häufig gebrauchte Gottes- und Herrscherprädikation auf. Die Bezeichnung des Christus Jesus als »unsere Hoffnung« ist im NT singulär, findet sich aber bei Ignatius von Antiochien wieder. Wenn die Pastoralbriefe fast immer von »Christus Jesus« sprechen, so haben die Gemeinden möglicherweise die Bezeichnung Christus noch nicht als Eigennamen, sondern im ursprünglichen Sinn als Titel (der Messias) verstanden.

Timotheus (vgl. die Einleitung) wird als legitimer Sohn im Glauben angeredet. 2 Gegenüber den paulinischen Bezeichnungen als Mitarbeiter, Bruder, Knecht Jesu Christi, hebt diese stärker auf das Verhältnis der Überordnung des Paulus ab; die Verbindung ist »im Glauben« gegründet, läßt also an das gemeinsame Bekenntnis denken (vgl. Tit 1,4). Als rechtmäßiges Kind des Paulus ist Timotheus dann auch dessen Erbe und legitimer Sachwalter.

Der Segenswunsch ist gegenüber Paulus nicht nur allgemein formuliert, sondern auch um den Hinweis auf das »Erbarmen« Gottes erweitert. Dies ist ein für die Theologie unserer Briefe wichtiger Begriff (vgl. 1,13.16; 2. Tim 1,16.18; Tit 3,5). Das gnädige Heilshandeln Gottes, das in seinem Erbarmen begründet ist und zum Frieden im Sinne des umfassenden Heilwerdens führt, wird dem Leser zugesprochen.

2. Der Auftrag an Timotheus (1,3-11)

3 Wie ich dich angewiesen habe, in Ephesus zu bleiben, als ich nach Mazedonien reiste, damit du gewissen Leuten gebieten solltest, keine anderen Lehren zu verbreiten 4 und sich auch nicht mit Fabeln und endlosen Geschlechtsregistern abzugeben, welche eher zu Grübeleien als zu Gottes Heilsordnung im Glauben führen — 5 das Ziel der Weisung ist Liebe aus reinem Herzen, aus gutem Gewissen und aus ungeheucheltem Glauben; 6 davon sind manche abgewichen und haben sich leerem Geschwätz zugewandt; 7 sie wollen Gesetzeslehrer sein, obwohl sie nicht wissen, was sie sagen noch wovon sie überzeugt sind. 8 Wir aber wissen, daß das Gesetz gut ist, wenn man es seiner Intention gemäß gebraucht, 9 im Wissen darum, daß das Gesetz nicht für den Gerechten gegeben ist, sondern für Gesetzlose und Aufrührer, Gottlose und Sünder, Frevler und Gemeine, Vater- und Muttermörder, Totschläger, 10 Unzüchtige, Knabenschänder, Sklavenhändler, Lügner, Meineidige, und was sonst noch der gesunden Lehre widerstreitet, 11 nach dem Evangelium der Herrlichkeit des seligen Gottes, das mir anvertraut worden ist.

A   Das Briefcorpus beginnt mit der Erinnerung an eine früher gegebene Anweisung an Timotheus, um deren bleibende Gültigkeit einzuschärfen. Allerdings wird der in 1,3 begonnene Satz nicht zu Ende geführt; in 1,5 knüpft eine neue, positive Aussage über die Aufgabe des Timotheus daran an. Darüber schiebt sich die Auseinandersetzung über das offenbar besonders strittige Problem des Gesetzes (1,8ff.). Das Ziel der Weisung ist die bleibende Gegenwärtigkeit des Evangeliums, das Paulus anvertraut ist und das jetzt durch seinen Schüler weitergetragen werden soll.

B   Die vorausgesetzte Situation: Paulus verläßt Ephesus, um nach Mazedonien zu
3   reisen, könnte an Apg 20,1ff. anknüpfen; doch blieb Timotheus damals nicht in Ephesus zurück, sondern wurde nach Mazedonien vorausgeschickt (Apg 19,22). Timotheus ist hier als ständiger Gemeindeleiter vorgestellt (vgl. 3,14), während die übrigen Paulusbriefe annehmen lassen, Timotheus sei nur in besonderen Fällen als Abgesandter des Paulus zu einzelnen Gemeinden gesandt worden (1. Thess 3,1–6; 1. Kor 4,17; 16,10f.; Phil 2, 19–23). Das Bild des ortsansässigen Timotheus spiegelt also die nachapostolische Zeit ebenso wie die ihm zugedachte Aufgabe der »Lehraufsicht« wider.

4   Die falsche Lehre wird durch die Stichworte »Mythen« und »endlose Genealogien« charakterisiert. Beide weisen in die Nähe der spekulativen Aus- und Umdeutung der Genesis durch Gnostiker (vgl. Einleitung). Derartige Spekulationen sind aber nur Ergebnis menschlichen Nachdenkens, das von der durch die Kirche

bezeugten Heilsordnung Gottes wegführt. Nicht in einer Vielzahl von himmlischen Äonen, denen alttestamentliche Bezeichnungen beigelegt werden, sondern in der Mittlerschaft des Christus Jesus besteht die göttliche Heilsordnung. Andere Ausleger übersetzen den Begriff oikonomia mit »Heilserziehung«, wie es frühe griechische Kirchenväter getan haben; andere übersetzen ihn mit »Verwalteramt« (vgl. Tit 1,7 und schon 1. Kor 4,1f.); beide Alternativen stellen jedoch keinen echten Gegensatz zu den gnostischen Grübeleien dar.

5 Das positive Ziel kirchlicher Lehre liegt nicht in spekulativer »Erkenntnis«, sondern in einer dem Evangelium gemäßen Lebensgestaltung. Liebe (agape) ist ein Schlüsselwort der Pastoralbriefe, oft zusammen mit dem Glauben genannt (1,14; 2,15; 4,12; 6,11; 2. Tim 1,7.13; 2,22; 3,10; Tit 2,2). Das »Erkalten der Liebe« war ein Problem, dem die dritte christliche Generation allenthalben entgegentreten mußte (Mt 24,12; Eph 4,2.15.16; 5,2; 1. Joh 3,10f. 15.18; 4,7–16; Offb 2,4.19).

Die drei Näherbestimmungen der Liebe zeigen das Spannungsfeld an, in welchem unsere Briefe stehen: aus alttestamentlicher Tradition stammt der Wunsch nach Herzensreinheit (vgl. Ps 51,12; 23,4LXX; 72,1LXX), in die hellenistische Popularphilosophie weist das »gute Gewissen«; der »ungeheuchelte Glaube« schließlich bindet die Liebe an die Entscheidung für Christus Jesus.

6 Die falsche Lehre dagegen ist nichtiges Gerede. So hatte Paulus über philosophische Spekulationen geurteilt (1. Kor 3,20); ebenso beurteilte die Bibel sonst den Götzendienst (Apg 14,15; 1. Petr 1,18; Hos 5,11; Jes 2,20; Jer 2,5).

7 Die rein polemische Apostrophierung der Gegner wird durch die Bezeichnung »Gesetzeslehrer« (im NT nur noch Lk 5,12; Apg 5,34; 22,3) etwas konkretisiert. Für ihre Lehre hat das Gesetz also eine besondere Bedeutung. Nimmt man die übrigen Hinweise unserer Briefe dazu (4,3; Tit 1,14; 3,9), so scheinen sie asketische Radikalisierung alttestamentlicher Speise- und Reinheitsgebote gefordert zu haben. Ihre Berufung auf das Gesetz wird freilich als schlechthin abwegig abgewiesen; denn sie verstehen die Sache, von der sie reden, gar nicht.

0 Das veranlaßt den Verfasser, über das richtige Gesetzesverständnis zu handeln. Auch er schätzt das Gesetz und drückt das mit einem den Lesern bekannten Satz aus: »Das Gesetz ist gut«. Dieser Satz ist an sich gut paulinisch (Röm 7,12.16); aber nach Paulus wird der Gebrauch des guten Gesetzes durch die Macht der Sünde pervertiert (Röm 7) so daß es in der jetzigen heilsgeschichtlichen Situation als Heilsweg abgetan ist (Röm 10,4). Während Paulus aber als Gesetz meist die Tora des Mose im Blick hat, denkt der Verfasser unseres Briefes wohl allgemein an sittliche Normen, die als Richtschnur für sittliches Verhalten nützlich sind. Deshalb kann er fortfahren: »Für einen Gerechten ist das Gesetz nicht gegeben«. Das hätte auch ein Stoiker sagen können. Die Gültigkeit des Gesetzes hinge dann von der Verfaßtheit des Menschen ab. Da aber auch für die Pastoralbriefe Gerechtigkeit im Sinne einer menschlichen Tugend nicht ausreicht (Tit 3,5), wird man den Satz so zu verstehen haben: Für einen aus dem paulinischen Evangelium Lebenden und darum Gerechten bedarf es neben dem Evangelium keiner zusätzlichen Weisung oder Norm.

Die nun folgende katalogartige Aufzählung von schrecklichen Verfehlungen und verabscheuungswürdigen Lastern zeigt die Schutzfunktion von Gesetz und Ordnung auf.

Der Lasterkatalog nennt in seinen ersten acht Gliedern Verstöße gegen Götter und Eltern und folgt damit hellenistischer Denkweise. Man hat versucht, einen Bezug zum Dekalog herzustellen: Glieder 1–6 sollen der ersten Tafel, Glieder 7–14 der zweiten Tafel entsprechen; doch ist das sehr gezwungen. Sowohl für das Schema des Lasterkataloges als auch für die meisten der aufgezählten Vergehen gibt es Vergleichbares in der hellenistischen Literatur; so wird man mit Schlüssen auf die aktuelle Situation der angesprochenen Gemeinden vorsichtig sein.

Alle genannten Verhaltensweisen verstoßen gegen die »gesunde Lehre« der Kirche; die Christen dagegen bedürfen solcher Gesetze nicht mehr, haben sie doch die Richtschnur für das rechte Leben. Die Rede von der »gesunden Lehre« ist den Pastoralbriefen eigen (2. Tim 4,3; Tit 1,9; 2,1; vgl. »gesunde Worte«: 1. Tim 6,3; 2. Tim 1,13; Tit 2,8; »gesund sein im Glauben«: Tit 1,13; 2,2); sie knüpft an den profangriechischen Sprachgebrauch an, der gesund im Sinne von »sachgemäß, vernünftig« verwenden konnte.

Diese Bezeichnung ist zwar den unbestrittenen Paulusbriefen fremd; man darf in ihr aber kein Indiz für das Abgleiten in den Rationalismus sehen, denn in V. 11 wird deutlich, daß als Maßstab für die »gesunde Lehre« das im Sinne der paulinischen Tradition verstandene Evangelium gilt.

11 Daß in der Evangeliumsverkündigung die Herrlichkeit Christi aufleuchtete, hat Paulus formuliert (2. Kor 4,4); diese Aussage wird hier auf Gott übertragen, der mit dem typisch hellenistischen Gottesprädikat »selig« (im NT nur noch 1. Tim 6,15) als absolut der Welt entrückt und vollkommen bezeichnet wird.

3. Dank für die Sünderliebe Christi Jesu (1,12-17)

12 **Dankbar bin ich unserem Herrn Christus Jesus, der mir Kraft schenkt, dafür, daß er mich als zuverlässig erachtet und in Dienst genommen hat,** 13 **der ich früher ein Lästerer, Verfolger und Frevler war. Aber mir ist Erbarmen widerfahren, weil ich unwissend in Unglauben gehandelt hatte;** 14 **überschwenglich reich erwies sich die Gnade unseres Herrn mit Glauben und Liebe in Christus Jesus.** 15 **Zuverlässig ist das Wort und aller Zustimmung wert: Christus Jesus kam in die Welt, um Sünder zu retten. Von diesen bin ich der erste;** 16 **aber gerade deshalb ist mir Erbarmen widerfahren, damit Jesus Christus an mir als erstem seine ganze Langmut erweisen könnte, als Urbild für diejenigen, welche künftig an ihn glauben zum ewigen Leben.** 17 **Ihm, dem ewigen König, dem unvergänglichen, unsichtbaren, alleinigen Gott, sei Ehre und Herrlichkeit in alle Ewigkeit! Amen.**

Vers 12: *Weish 7,23.*   Vers 17: *Tob 13,7.11.*

A   Paulus läßt in allen Briefen — mit der verständlichen Ausnahme des Galaterbriefes — auf das Präskript eine Danksagung an Gott folgen für den Glaubensstand der Empfänger. Formal entspricht dieser Abschnitt der paulinischen Danksagung, unterscheidet sich aber von dieser nicht nur durch seine spätere Stellung, sondern auch durch seine Ausrichtung auf Paulus selbst.

Die Formelemente der Danksagung rahmen den Abschnitt (VV. 12a/17); der Anlaß zur Danksagung ist das dem Paulus widerfahrene erbarmende Handeln des Christus Jesus (VV. 12b–14), das in der Sendung Jesu begründet ist (V. 15), so daß sein einmaliges Handeln an Paulus Urbild für sein Handeln an allen Sündern ist (V. 16).

Im Zentrum steht also die christologische Aussage V. 15, die mit Hilfe einer Rückerinnerung an das Geschick des Paulus exemplifiziert wird. Derartige Rückerinnerungen (Anamnesen) finden wir öfters in den Pastoralbriefen (1. Tim 2,7; 3,14f.; 4,13; 2. Tim 1,3f.11; 15–18). Es bestehen zwar Verbindungslinien zwischen diesen Texten und den Selbstaussagen des Paulus (1. Kor 15,8–11; Gal 1,13–16; Phil 3,4–7), aber die Verwandtschaft mit den Paulus-Anamnesen anderer nachpaulinischer Schriften (Kol 1,23–29; Eph 3,1–11; Apg 9,1–22; 22,1–16; 26,9–18) darf nicht übersehen werden. Einerseits ist die Tendenz deutlich, Paulus als Typus des begnadigten Sünders darzustellen, andererseits wird seine Wende nicht bloß als individuelle Bekehrung, sondern im Sinne des Paulus zugleich als Berufung zum Dienst am Evangelium verstanden.

Die Danksagung führt die Aussage des V. 11 weiter: Paulus weiß sich dankbar B für die ihm zuteil gewordene Gnade Christi Jesu, der ihm Kraft verliehen (vgl. 12 Phil 4,13), ihn für zuverlässig erachtet (vgl. 1. Kor 7,25) und zum Dienst bestellt hat (vgl. 2. Kor 4,1; 5,18; 6,3). So wird in paulinischen Wendungen das Damaskusereignis umschrieben.

Die vorchristliche Zeit des Paulus wird hier, verglichen mit den Selbstaussagen 13 des Apostels (1. Kor 15,9; Gal 1,13; Phil 3,6), noch stärker abgewertet: Während Paulus nur seine Verfolgertätigkeit negativ hervorhebt, wird er hier auch noch als Lästerer und Frevler bezeichnet. Diese Begriffe finden wir sonst in Lasterkatalogen (2. Tim 3,2; Röm 1,30); dagegen wird die von Paulus selbst als Ursache der Christenverfolgung herausgestellte Torafrömmigkeit überhaupt nicht erwähnt. Die historisch einmalige Situation des Paulus wird damit abgestreift, um Paulus zum Typus des gottfernen Menschen zu stilisieren. Von dieser Absicht her ist auch die Bemerkung zu verstehen, er habe in Unwissenheit und in Unglauben gehandelt; er soll damit nicht entschuldigt, sondern in die Nähe der heidnischen Sünder gerückt werden (V. 15; vgl. auch Eph 4,18; Apg 17,23.30; 1. Petr 1,14).

Gerade weil Paulus ein arger Sünder war, hat sich Gottes Gnade an ihm beson- 14 ders gezeigt (vgl. 1. Kor 15,10; Röm 5,20). Glaube und Liebe werden gewissermaßen als Begleiterscheinungen der Gnade genannt; sie sind nicht als »christliche Eigenschaften« zu verstehen, sondern als Gaben Gottes.

Mit der öfter wiederkehrenden formelhaften Bekräftigung »Zuverlässig ist das 15 Wort« (vgl. 1. Tim 3,1; 4,9; 2. Tim 2,11; Tit 3,8), die hier und in 4,9 erweitert ist um die Worte »und aller Anerkennung wert«, wird ein christologischer Satz eingeführt, der an Worte wie Mk 2,17 und Lk 19,10 anklingt, ohne ein direktes Zitat zu sein. Jesus ist aufgetreten, um Sünder zu retten, um denjenigen Heil zu bringen, die vor Gott keine Verdienste aufweisen können — das ist es, was am Beispiel des Paulus anschaulich werden soll. Auch er, der den Pastoralbriefen als der Apostel schlechthin gilt, verdankt sein Heil ganz und gar dem Erbarmen seines Herrn.

Hatte Paulus sich selbst im Blick auf seine frühere Verfolgertätigkeit als den »geringsten Apostel« bezeichnet (1. Kor 15,9), so hatte der Epheserbrief dies verschärft zu der Aussage, Paulus sei »der Geringste aller Heiligen« (Eph 3,8). Um der exemplarischen Bedeutung willen, die das Heilshandeln des Christus Jesus an Paulus besitzt, ist hier die nochmals zugespitzte Formulierung »erster der Sünder« gewählt, die dann später verallgemeinert wurde (»seine Apostel, gottlos über alle denkbare Sünde hinaus«: Barn 5,9).

16   Das dem Paulus widerfahrene Erbarmen ist nicht nur individualbiographisch bedeutsam, sondern enthüllt geradezu das Wesen des Evangeliums: Der Sünder, der den Zorn Gottes verdient hätte, erfährt die Langmut des Christus Jesus. Paulus sprach von der Langmut Gottes, da er sein Gericht aufschiebt und Raum zur Buße gewährt (Röm 2,4; 9,22; vgl. 2. Petr 3,15); wenn an unserer Stelle von der Langmut Christi gesprochen wird, so wird man schließen dürfen, daß die Richterfunktion auf Christus übertragen wird.

Der Glaube, dem die vergebende Langmut Christi Jesu erwiesen wird, zielt auf das ewige Leben. Diese Formulierung des Heilszieles, wiewohl Paulus nicht fremd (Röm 2,7; 5,21; 6,22f.; Gal 6,8), ist speziell auf die den griechischen Menschen bedrängende Frage nach der Vergänglichkeit hin formuliert.

17   Die Paulus-Anamnese wird durch einen feierlichen Lobpreis Gottes abgeschlossen, wodurch ihre Bedeutung unterstrichen wird: Das dem Paulus urbildlich zuteil gewordene Erbarmen des Christus Jesus geht letztlich auf Gott selbst zurück.

Der Lobpreis Gottes, eine sog. Doxologie, dürfte aus der liturgischen Gemeindetradition stammen, die ihrerseits an die Gebetstradition der Synagoge anknüpft. Die Grundform der Doxologie lautet »Ihm sei Ehre in Ewigkeit. Amen« (Vgl. Röm 11,36; 2. Tim 4,18 u.ö.); oft tritt sie in reicher ausgestalteter Form auf, wobei sich das Urchristentum nicht nur auf Gott, sondern auch auf Christus bezog (1. Petr 4,11; Jud 24f.; Röm 16,25–27; Offb 5,13; 19,10 u.ö.).

Die Prädikation Gottes als »ewiger König« war schon im griechischsprechenden Judentum gebräuchlich (Tob 13,7.11; Jos; ähnl. Sir 36,19); auch die Hervorhebung der Einzigkeit Gottes sowie seiner Unvergänglichkeit und Unsichtbarkeit hat ihre Wurzeln im Kampf des hellenistischen Judentums (Philo; OrSib) gegen den heidnischen Polytheismus mit seinen Götterbildern.

4. Weisung für Kirchenzucht (1,18-20)

18 Diese Anweisung übergebe ich dir, mein Sohn Timotheus, gemäß den Prophetenworten, die früher über dich ergangen sind, damit du mit ihrer Hilfe den guten Kampf kämpfst 19 als einer, der Glauben und ein gutes Gewissen hat. Manche haben das verachtet und haben daher im Glauben Schiffbruch erlitten; 20 zu diesen gehören Hymenäus und Alexander, die ich dem Satan übergeben habe, damit sie durch Züchtigung dazu gebracht werden, nicht (mehr) zu lästern.

Der Verfasser lenkt zur Briefsituation zurück. Aufgrund seiner Ordination A
(s. Exkurs zu 4,14) ist Timotheus zum Kampf gegen die Irrlehre und ihre schlimmen moralischen Folgen berufen. Die jetzt mit apostolischer Autorität ergehende Weisung entspricht dem grundlegenden Ordinationsauftrag. Als Gegenspiel werden zwei Amtsträger genannt, die auf Irrwege geraten waren, so daß Paulus sie durch einen Akt der Kirchenzucht zur Besinnung zu bringen versuchte.

Der Apostel, dem das Evangelium in so besonderer Weise anvertraut ist, über- B
gibt seinem »Kind« Timotheus (vgl. V. 2) verbindliche Weisung (vgl. V. 5). Dabei 18
bezieht er sich zurück auf die Ordination des Timotheus; in diesem Sinne wird
der Hinweis auf die früher ergangenen Prophetenworte zu verstehen sein. Für
den Gemeindeleiter ist dieser Vorgang die Grundlage seines Handelns (vgl. 4,14;
6,12; 2. Tim 1,6). Nach dem möglicherweise als Ordinationsparänese zu verstehenden Text 6,11–14 gehörte zur Ordination der Auftrag, den »guten Kampf« für
das Evangelium zu kämpfen. Der Vergleich des Lebens mit dem Kriegsdienst ist
schon bei Platon zu finden, er war in der hellenistischen Popularphilosophie
(Seneca, Epiktet) ebenso bekannt wie im hellenistischen Judentum (Philo, 4.
Makk). Bei Paulus selbst (1. Kor 9,24–27; 2. Kor 10,3–5; Phil 1,27–30; 3,12–14) und
bei seinen Schülern zielt das Bild vom Kampf aber nicht auf das individuelle Streben nach Vervollkommnung, sondern auf den Dienst am Evangelium, zu welchem der Apostel (2. Tim 4,7) und seine Schüler (1,18; 6,12; 2. Tim 2,3–6) berufen
sind.

Insbesondere sind »Glauben und gutes Gewissen« (vgl. V. 5) für den Dienst 19
am Evangelium nötig, also das Festhalten an den gemeinchristlichen Überzeugungen und eine diesen Überzeugungen entsprechende Lebensführung. Leute,
die von den im Evangelium gesetzten Normen abweichen, verlieren ihr gutes
Gewissen, und das hat Rückwirkungen auf den Glauben selbst. Die Metapher
vom Schiffbruch ist im NT sonst nicht belegt; sie stammt aus der Popularphilosophie.

Zwei herausragende Beispiele für das Scheitern im Glauben werden angeführt, 20
doch wohl deswegen, weil sie den Lesern irgendwie bekannt sind. Wahrscheinlich
ist Hymenäus mit dem in 2. Tim 2,17 genannten Irrlehrer identisch, und Alexander wird als Schmied Alexander in 2. Tim 4,14 nochmals erwähnt. Man hat erwogen, ob es sich hierbei um fiktive Gestalten zur Veranschaulichung der Gefährdung handeln könnte; aber es ist doch wahrscheinlicher, daß es sich um
Irrlehrer handelt, deren Einfluß in den angesprochenen Gemeinden noch nachwirkt.

Die Übergabe dieser Irrlehrer an den Satan erinnert an das Verfahren, das Paulus nach 1. Kor 5,5 in einem besonders schweren Unzuchtsfall vorgeschrieben
hatte. Allerdings soll bei Paulus die gesamte Gemeinde am Verfahren mitwirken
(1. Kor 5,4), während hier der Apostel allein entscheidet. Schließlich rechnet Paulus mit dem Tod des ausgeschlossenen Korinthers, während hier eine zur Umkehr
führende Zuchtmaßnahme intendiert ist. Der Apostelschüler und damit jeder
rechtgläubige Gemeindeleiter soll nach diesem Vorbild gegen Irrlehrer einschreiten.

5. Das Gebet für alle Menschen (2,1-7)

1 Ich ordne nun zu allererst an, Bitten, Gebete, Fürbitten und Danksagungen für alle Menschen darzubringen, 2 für Könige und alle Männer in übergeordneten Positionen, damit wir ein ruhiges und stilles Leben führen können in aller Frömmigkeit und Ehrbarkeit. 3 Dies ist wohlgefällig vor unserem Rettergott, 4 der will, daß alle Menschen gerettet werden und zur Erkenntnis der Wahrheit gelangen. 5 Einer nämlich ist Gott, und einer ist Mittler zwischen Gott und Menschen, der Mensch Christus Jesus, 6 der sich selbst zum Lösegeld für alle gegeben hat, das Zeugnis zur rechten Zeit, 7 für welches ich eingesetzt wurde als Herold und Apostel — ich sage die Wahrheit, ich lüge nicht —, als Lehrer der (Heiden-)Völker in Glaube und Wahrheit.

Vers 2: *Esr 6,10; Jer 29,7; 2. Makk 3,11.*   Vers 6: *Jes 53,10-12.*

A   Der vorliegende Abschnitt begründet das Gebet für alle Menschen (V. 1) mit der Universalität des göttlichen Heilswillens (VV. 4.6). Das Gebet für die Obrigkeit ist wohl als besondere Zuspitzung dieser Mahnung anzusehen: Selbst für diejenigen, von welchen eine ständige Bedrohung ausgeht, sollen Christen beten! Wenn man bedenkt, daß die angesprochenen Gemeinden bereits von Christenverfolgungen wußten (vgl. 2. Tim 3,11 ff.), wird man die etwas eigennützig klingende Abzweckung des Gebets für die Mächtigen in V. 2b als einen situationsbedingten Nebengedanken verstehen.

Die Gebetsmahnung als ganze wird in VV. 5 f. christologisch begründet. In diesen Versen zitiert der Verfasser eine ältere Formel; für diese Annahme sprechen folgende Überlegungen: (a) Zur Begründung der Gebetsmahnung ist V. 5 eigentlich überflüssig; der Zielpunkt ist die Aussage »für alle« in V. 6. D.h. aber, daß der Verfasser V. 5 nur anführt, weil er ihn zusammen mit dem für seinen Gedankengang wichtigen V. 6 vorfand. (b) Der Anschluß von VV. 6b-7 ist nicht ganz klar. Die Übergangswendung »das Zeugnis zur rechten Zeit« bezieht sich wohl auf das ganze Zitat. (c) Auch Sprache und Gedankenwelt von VV. 5-6a sind nicht typisch für die Pastoralbriefe.

Es ist sogar möglich, die Vorgeschichte der Formel VV. 5-6a zu erhellen. Formeln vom Typ »einer ist . . . « haben nämlich Parallelen in hellenistischen Kulten (»Einer ist Zeus Serapis«), aber auch in 5. Mose 6,4f., dem Grundbekenntnis Israels. Bereits in 1. Kor 8,6 liegt eine verchristlichte Akklamation dieses Typs vor, die neben den einen Gott den einen Herrn Jesus Christus stellt. V. 6a dagegen klingt stark an das Jesuswort Mk 10,45b an, wobei die Formulierung des Spruches im Markusevangelium noch stärker den semitischen Sprachhintergrund erkennen läßt.

Der Abschnitt klingt in eine locker angefügte Paulus-Anamnese aus, die die Autorität des Paulus für eben jenes universale Heilsangebot in Anspruch nimmt.

B   Die apostolische Weisung beginnt mit der Ermahnung zum gottesdienstlichen
1 Gebet für alle Menschen. Daß sie vor allem anderen zur Sprache kommt, zeigt ihre Bedeutung. Die vier Benennungen des Gebetes lassen sich kaum liturgisch präzise auf unterschiedliche Arten des Gebets festlegen.

Die Nennung der Könige und führenden Männer stellt eine Zuspitzung des 2
Gebets für alle Menschen dar, die dem liturgischen Brauch sicher nicht fremd war.
Bereits das nachexilische Judentum betete für die heidnische Obrigkeit (Esr 6,9 f.;
1. Makk 7,33; Jos bell 2,408 ff.), und auch das älteste erhaltene christliche Kirchen-
gebet (1. Kl 59–61) bittet für das Wohl der »Herrschenden und Vorgesetzten auf
Erden«. Auch Paulus selbst hat der römischen Gemeinde zu einer loyalen Einstellung gegenüber dem römischen Staat geraten und dabei weitgehend die Argumentation des hellenistischen Judentums übernommen (Röm 13,1–7).

Solches Gebet wird mit einer alttestamentlich gefärbten Wendung (vgl. 5 Mose 3
12,25.28; 13,18; 21,9) als Erfüllung des Willens Gottes bezeichnet, der als Erretter
wie in 1,1; 4,10; Tit 1,3 und öfter, prädiziert wird.

Gottes Retterwille richtet sich auf das Heil für alle Menschen. Damit bekundet 4
sich eine völlig ungnostische, wahrscheinlich sogar bewußt antignostische Denkweise. Daß »Erkenntnis der Wahrheit« für alle bestimmt sein soll, steht im Widerspruch zur gnostischen Auffassung, die nur bestimmte Menschenklassen für
erkenntnisfähig und rettbar hielt. Erkenntnis der Wahrheit ist natürlich nicht im
griechischen Sinn als rationale Einsicht gemeint, sondern im Sinne des hellenistischen Judentums als eine gottgeschenkte, die Umkehr voraussetzt (2. Tim 2,25;
vgl. Hebr. 10,26), aus rechter Lehre stammt und zu einem entsprechenden Lebenswandel führt.

Eine den Lesern wahrscheinlich bekannte christologische Überlieferung wird 5
zur Begründung angeführt. Der Weg zu dem einen Gott wird durch den einen
Mittler Jesus Christus gebahnt. Das alttestamentlich-jüdische Bekenntnis zum
einen Gott (5. Mose 6,4), ursprünglich gegen den heidnischen Polytheismus
gerichtet, wehrt auch die gnostische Zweigötterlehre ab, die den guten höchsten
Gott von einem minderwertigen Weltschöpfergott trennte. Auch die alleinige
Mittlerfunktion des Christus Jesus könnte in antignostischer Absicht betont sein.
Während Paulus nur in Gal 3,20 Mose den Mittler zwischen Engelmächten und
Menschen nennt, bezeichnet der Hebräerbrief (8,6–9,15; 12,24) Jesus als Mittler
des neuen Bundes; die Bezeichnung Jesu als Mittler zwischen Gott und Menschen
findet sich nur hier im Neuen Testament. Der Anknüpfungspunkt könnte Ijob
9,32 f. LXX gewesen sein. Dort bittet Hiob im Rechtsstreit mit Gott um einen
menschlichen Vermittler. Aber auch Philo bezeichnet Mose als »Mittler und Ver-
söhner«, da er für das Volk Fürbitte einlegt, das dem goldenen Kalb gehuldigt
hatte. Im hellenistischen Judentum kann auch ein Engel, der vor Gott für Israel bittet, als »Mittler zwischen Gott und Menschen« bezeichnet werden (TestDan 6,2).

Freilich ist es nicht nur Jesu Fürbitte, sondern seine Lebenshingabe, die als 6
»Lösegeld für alle« gilt. Im Hintergrund dieser Aussage stehen Jesusworte wie Mk
10,45 und 14,22, die ihrerseits Jes 53,10 und 43,3 f. aufnehmen. Der sich im Sühnetod Jesu äußernde universale Heilswille Gottes ist also Grund und Maß für das
Handeln der Gemeinde, speziell für ihr Gebet für alle Menschen. Dieses Zeugnis
für die im Heilsplan Gottes festgelegten Zeiten ergeht durch den Apostel.

In diesen Heilsplan Gottes gehört Paulus hinein; ihm ist die Botschaft 7
(»Kērygma«, vgl. 2. Tim 4,17; Tit 1,3) anvertraut, daher ist er Herold (kēryx; eine
unpaulinische Bezeichnung) und Apostel.

Die eingeschobene Beteuerungsformel erinnert an Röm 9,1. Soll sie dort die menschliche Solidarität des Paulus mit Israel bekräftigen, so hier seine göttliche Sendung zu den Heiden. Daß auf die Funktion des Paulus als des Lehrers der Heidenkirche abgehoben wird, ist charakteristisch (vgl. auch 2. Tim 1,11); seine Lehre ist in der Kirche bleibend gültig (2. Tim 3,10).

6. Gottesdienstliches Verhalten von Mann und Frau (2,8-15)

8 Daher will ich, daß die Männer an jedem Ort beten, indem sie heilige Hände emporheben ohne Zorn und Streit. 9 Ebenfalls [will ich], daß die Frauen sich in ehrbarer Haltung mit Anstand und Zurückhaltung schmücken, nicht mir Haargeflecht und Goldschmuck oder Perlen oder kostbarer Kleidung, 10 sondern — das schickt sich für Frauen, die sich zur Gottesfurcht bekennen — mit guten Werken. 11 Eine Frau soll schweigend lernen in voller Unterordnung — 12 zu lehren erlaube ich einer Frau nicht, auch nicht sich über den Mann zu stellen, sondern schweigsam zu bleiben. 13 Denn Adam wurde als erster geschaffen, Eva danach. 14 Auch wurde nicht Adam verführt, sondern die Frau ließ sich verführen und geriet in Verfehlung. 15 Sie wird aber durch Kindergebären gerettet werden, wenn sie in Glaube, Liebe und Heiligung zuchtvoll verharren.

Vers 8: *Ps 24,3f.; 141,2.*   Vers 13: *1. Mose 1,27; 2,7.22.*   Vers 14: *1. Mose 3,6.13; Sir 25,24.*

A   Nach der inhaltlichen Weisung für das Gebet folgen Anweisungen für die äußere Ordnung des Gottesdienstes. Während das Gebet der Männer in nur einem Satz geregelt wird (V. 8), wird den Frauen zuerst eine Kleidungsanweisung gegeben (VV. 9–10), der dann ein gottesdienstliches Schweigegebot (VV. 11f.) mit Begründung (VV. 13f.) folgt. Keine dieser Regeln statuiert etwas grundsätzlich Neues, sondern wendet jüdisch-hellenistische Grundsätze ins Christliche.

B   Als Lehrer der Heidenkirche gibt Paulus seine konkreten Weisungen apodik-
8 tisch: »ich will«. Daß das gottesdienstliche Gebet von Männern verrichtet wird, ist schon in der Synagoge üblich gewesen. Die Gebetshaltung ist die in der hellenistischen Zeit übliche: Man hebt die Arme mit geöffneten Händen gegen den Himmel. Die Wendung »an jedem Ort« könnte aus Mal 1,11 stammen; dort wird die Verehrung Gottes in der ganzen Welt ausgesagt.

Aber das Gebet der Christen hat zur Voraussetzung, daß die Hände der Beter heilig sind, und das heißt nicht mehr kultisch rein, sondern — in Nachwirkung von Mt 5,23-25 — daß sie Menschen gehören, die frei von Zorn und Streitsucht sind.

9   Die ausführlichen Anweisungen gegen weibliche Putzsucht sind, wie schon ihre weitgehend parallele Formulierung in 1. Petr 3,3f. zeigt, ursprünglich nicht auf das gottesdienstliche Leben beschränkt. Darüber hinaus gibt es ähnliche Äußerungen bei Philosophen, die dem üppigen, als entartet erscheinenden Leben der Gegenwart ein verklärtes Bild früherer Einfachheit und Sittenstrenge gegenüberstellen. (Seneca, Epiktet, Plutarch). Die Pastoralbriefe nehmen hier also eine Zeitstimmung auf.

Neben die traditionell für Frauen gültigen Werte stellt der Verfasser noch die 10
aus der »Gottesverehrung« (dieser Begriff findet sich im NT nur hier) kommende
Forderung nach guten Werken (vgl. 5,10.25; 6,18; Tit 2,7.14; 3,8.14). Das ist ganz
unpaulinisch formuliert; Paulus spricht nur im Singular vom »Werk« des Christen (1. Thess 1,3; 1. Kor 3,13f.; Gal 6,4; Phil 1,6) oder der »Frucht« (Gal 5,22;
Röm 6, 22; Phil 1,11; 4,17), da der Gehorsam gegen Gott unteilbar ist und nicht
als Summe einzelner Leistungen verstanden werden darf. Freilich sind — ganz im
Sinne des Paulus — auch für die Pastoralbriefe die »guten Werke« keine Voraussetzung für das Heil, sondern Konsequenz des Christenstandes.

Die Anweisung an die Frauen, im Gottesdienst nur still zuzuhören und zu ler- 11-12
nen, ist das Gegenstück zu V. 8 und entspricht ganz jüdischem Denken. Paulus
selbst hat nach 1. Kor 11,5 am prophetischen Wirken von Frauen im Gottesdienst
keinen Anstoß genommen, und das entspricht sowohl der Taufüberlieferung, die
Paulus in Gal 3,26-28 zitiert, als auch der faktischen Stellung von Frauen in der
Gemeinde, wie sie sich in Röm 16 spiegelt. Das immer wieder als Gegeninstanz
zitierte Schweigegebot von 1. Kor 14,33b-36 ist mit guten Gründen als nicht von
Paulus stammender Einschub in den Text anzusehen.

Warum soll der Apostelschüler diese Mahnung zur Unterordnung weitergeben? Offensichtlich gab es in den angesprochenen Gemeinden Emanzipations-
bestrebungen, die die bisherige Unterordnung der Frau in Frage stellten. Diese
Bestrebungen könnten mit der gnostischen Irrlehre zusammenhängen; denn in
gnostischen Kreisen scheint die Gleichrangigkeit der Geschlechter besser verwirk-
licht gewesen zu sein als in der Großkirche. Daher hat diese Bewegung verständ-
licherweise unter Frauen besonderen Anklang gefunden (vgl. 2. Tim 3,6f.).

Diese aktuelle Frontstellung erklärt auch, warum das Lehrverbot für die Frau 13
eine Begründung erhält. Zum einen wird der Mann als der zuerst Erschaffene als
wertvoller hingestellt. Daß zeitliche Priorität einen höheren Rang bedingt, ist
eine allgemein antike und besonders im Orient verbreitete Überzeugung. Der
Verfasser setzt voraus, daß seine Leser dieses Argument akzeptieren.

Zum anderen argumentiert der Verfasser mit der alttestamentlichen 14
Geschichte vom Sündenfall (1. Mose 3): Aufgrund ihrer leichten Verführbarkeit
ist die Frau zum Lehren ungeeignet. Wer den alttestamentlichen Text unbefangen
liest, wird allerdings nicht auf den Gedanken kommen, nur Eva sei der Verführung erlegen. Dieses Verständnis scheint der Verfasser mit frühjüdischen Auslegern zu teilen. So heißt es beispielsweise in Sir 25,24: »Von einer Frau stammt
der Anfang der Schuld, und ihretwegen sterben wir alle«. Die knappe Anspielung
auf diese Tradition läßt vermuten, daß die Leser unseres Briefes eine derartige
Auslegung bereits kennen. Paulus selbst hatte in Röm 5,12ff. ganz anders geurteilt. Adams Übertretung des Gebots hat die Sünde über die ganze Menschheit
gebracht. In 2. Kor 11,3 scheint Paulus auf die genannte jüdische Auslegung von
1. Mose 3 anzuspielen, aber dort geht er auf die Schuldfrage überhaupt nicht ein.

Die Verführung Evas durch die Schlange hat nicht nur die Unterordnung der 15
Frau unter den Mann zur Folge wie schon in 1. Mose 3,16f., sondern fordert ihr
eine besondere Kompensationsleistung ab, indem sie die ihr gegebene Aufgabe
des Aufziehens von Kindern erfüllt. Unklar ist, worauf sich der abschließende

Bedingungssatz bezieht: Ist von den in Glaube, Liebe und Heiligung verharrenden Frauen die Rede, so daß das Kindergebären nur im Rahmen des Christseins heilbringend wäre, oder ist der Plural auch auf die Kinder bezogen, so daß nicht das Gebären allein, sondern das Erziehen der Kinder im christlichen Glauben heilbringend wäre?

In beiden Fällen bleibt die Aussage problematisch; man hat den Satz als »in einer urchristlichen Schrift fast unerträglich« (O. Michel) empfunden. Erträglich wird er, wenn man die weltverneinende und insbesondere Zeugung und Geburt als Quelle allen Übels verteufelnde Gnosis im Hintergrund sieht. So läßt ein Fragment des gnostisierenden Ägypterevangeliums Jesus sagen: »Ich bin gekommen, die Werke des Weiblichen aufzulösen«; ein anderes läßt Jesus auf die Frage, wie lange der Tod noch herrschen werde, antworten: Solange die Frauen Kinder gebären«. Das der valentinianischen Gnosis zuzurechnende Evangelium nach Philippus kennt ein Sakrament, das »Brautgemach« genannt wird; darüber heißt es: »Das Brautgemach wird nicht den Tieren zuteil, noch wird es den Sklaven oder den besudelten Frauen zuteil; sondern es wird nur zuteil freien Männern und Jungfrauen« (Logion 73). Demgegenüber weist der Verfasser unseres Briefes seine Gemeinde in ein positives Verhältnis zu Sexualität und Ehe ein. Dennoch kann sein Urteil über die Frau nicht das letzte Wort bleiben. Angesichts der Tatsache, daß er 1. Mose 3 nicht in seinem eigentlichen Sinn, sondern gemäß einer bestimmten eingeschränkten frühjüdischen Sicht versteht, die Paulus nicht teilt, wird man die Stellung der Frau in Kirche und Welt eher im Anschluß an Paulus bestimmen. Schlaglichtartig zeigt sich hier, wie gefährlich es ist, wenn sich die Kirche Wertvorstellungen der Umwelt unreflektiert aneignet.

7. Qualifikation kirchlicher Amtsträger (3,1-13)

1 Zuverlässig ist das Wort: Wenn jemand das Bischofsamt erstrebt, so begehrt er eine gute Aufgabe. 2 Der Vorsteher nun muß untadelig sein, nur mit einer Frau verheiratet, nüchtern, besonnen, ehrbar, gastfreundlich, zur Lehre befähigt, 3 kein Säufer und Schläger, sondern gütig, nicht streitsüchtig, nicht geldgierig. 4 Seinem eigenen Haus muß er gut vorstehen, seine Kinder soll er zu Gehorsam mit aller Ehrbarkeit anhalten; 5 denn wer seinem eigenen Hause nicht (richtig) vorzustehen vermag, wie kann der für die Kirche Gottes sorgen? 6 Er darf kein Neubekehrter sein, damit er nicht hochmütig wird und so dem Gericht des Teufels verfällt. 7 Er muß auch bei den Außenstehenden in gutem Ruf stehen, damit er nicht in üble Nachrede kommt und in eine Schlinge des Teufels.

8 Ebenso müssen Diakone ehrbar sein, nicht doppelzüngig, nicht sehr dem Wein zugetan, nicht gewinnsüchtig, 9 und sie sollen das Geheimnis des Glaubens mit reinem Gewissen bewahren. 10 Auch sollen sie zuerst geprüft werden, und wenn sie untadelig sind, sollen sie ihren Dienst ausüben.

11 Ebenso müssen die Frauen ehrbar sein, nicht verleumderisch, nüchtern, zuverlässig in allem.

12 Diakone sollen nur mit einer Frau verheiratet sein und ihre Kinder und ihre eigenen Häuser gut leiten. 13 Diejenigen nämlich, welche ihren Dienst gut verrichtet haben, erwerben sich gutes Ansehen und großen Freimut in Christus Jesus.

Vers 7: *vgl. Spr 12,13; Sir 9,3; Tob 14,10.*

Mit einer lockeren Überleitungsformel werden katalogartig Qualifikations- A merkmale für die Träger gemeindlicher Ämter angeführt: An erster Stelle für den Bischof, dann für männliche und weibliche Diakone. Wir kennen vergleichbare Pflichtenlehren aus dem profanen Bereich, die großenteils dieselben Tugenden fordern. Aus diesem Fundus schöpft der Verfasser und ergänzt nur einzelne Aussagen (VV. 2.5.6.7.9 f.), die sich auf die Situation des Gemeindeamtes beziehen. Bedenkt man, daß der Verfasser in 4,14 die Existenz eines Presbyter-Kollegiums einfach voraussetzt, ohne dafür irgendwelche Erläuterungen geben zu müssen, dann legt sich die Annahme nahe, er wolle mit dem Bischofs- und Diakonenamt in seinen Gemeinden etwas Neues einführen. Natürlich sind Bischofs- und Diakonenamt nicht im Sinne der späteren kirchlichen Hierarchie zu verstehen; im Sinne des Verfassers unserer Briefe könnte man eher vom Vorsteher- bzw. Helferamt sprechen. (Näheres im Exkurs »Das kirchliche Amt in den Pastoralbriefen«)

Der »Bischofsspiegel« VV. 2–7 zählt zwölf erwünschte bzw. nicht erwünschte Eigenschaften auf, die ergänzt werden durch drei ausführlicher begründete Forderungen. Die Regel für Diakone enthält vier Allgemeinbegriffe und zwei spezielle Forderungen; die weiblichen Diakone werden durch vier Eigenschaften qualifiziert. Abschließend werden drei bereits für den Bischof gegebene Regeln auch auf Diakone angewandt und dem guten Diakon eine Lohnverheißung gegeben. Eine strenge Systematik ist weder im Gesamtaufbau noch in der Abgrenzung der einzelnen Ämter zu erkennen.

Die Beteuerungsformel »zuverlässig ist das Wort« (vgl. 1,15) dient der Überlei- B tung und unterstreicht die Empfehlung des Bischofsamtes als einer erstrebenswer- 1 ten Aufgabe.

Die einleitende Forderung nach Tadellosigkeit des Bischofs zeigt bereits die 2 Einbindung des gemeindlichen Amtsträgers in das Urteil der Umwelt an. Daß er Mann einer einzigen Frau sein soll, ist auf dem Hintergrund der zeitgenössischen Eheauffassungen unterschiedlich deutbar. Vier Erklärungsmöglichkeiten werden diskutiert: (1) Es könnte an den in der Umwelt (z.B. in vielen Grabinschriften) hochgepriesenen Verzicht auf Wiederverheiratung nach dem Tode des Ehegatten gedacht sein. Angesichts des in 5,14 den jüngeren Witwen gegebenen Rates zur Wiederheirat ist dieses Verständnis nicht voll überzeugend; aber es wäre natürlich denkbar, daß der Verfasser bei Inhabern des gemeindeleitenden Amtes andere Maßstäbe anlegt. (2) Naheliegender ist es, an ein Verbot der Wiederverheiratung Geschiedener zu denken, wobei dann Jesustraditionen wie Mk 10,11 und Lk 16,18 im Hintergrund stehen könnten. In diesem Fall bestände kein Widerspruch zu der durchaus positiven Stellung des Verfassers zur Ehe. (3) Man hat auch erwogen, diese Forderung richte sich gegen die im Judentum erlaubte Polygamie und gegen die im Heidentum üblichen Konkubinate. Es wäre allerdings erstaunlich, wenn der Verfasser ein derartiges Verbot nur für Amtsträger und nicht für die Gemeinde schlechthin aufstellte. (4) Es könnte im Blick auf die asketischen Neigungen der Gegner (vgl. 4,3) einfach gemeint sein, der Bischof solle ebenso wie die Diakone in den normalen Ordnungen leben. Keinen dieser Aspekte wird man mit Sicherheit ausschließen dürfen. Angesichts der laxen Ehemoral der Umwelt soll jedenfalls der Amtsträger der christlichen Gemeinde zu einer strikten Ehemoral verpflichtet sein.

Die Forderung eines »nüchternen, besonnenen, ehrbaren und gastfreundlichen« Lebenswandels entspricht ganz dem Tugendideal der Zeit. Die Gastfreundschaft wird auch sonst im Urchristentum — wie schon im Judentum — verlangt (Röm 12,13; Hebr 13,2; 1.Petr 4,9; 1.Kl 10,7.11,1.12,1; Did 12,1–4); die übergemeindliche Verbundenheit sollte sich in der Beherbergung durchreisender Glaubensbrüder erweisen.

Die geforderte Befähigung zur Lehre findet sich ähnlich auch im profanen Bereich. Ihr besonderes Gewicht erhält sie im Blick auf die an Timotheus gerichtete Mahnung, ein Knecht des Herrn müsse zur Lehre befähigt sein, um den Irrlehrern entgegentreten zu können (2.Tim 2,24) und im Blick auf die ausführliche Weisung im Bischofsspiegel Tit 1,9f., die dem Gemeindeleiter die innergemeindliche Lehrverkündigung ebenso wie die lehrhafte Auseinandersetzung mit Gegnern zuweist. Es ist dies eines der wenigen Qualifikationsmerkmale, welches nur vom Bischof, nicht aber von den Diakonen gefordert wird.

3   Die Warnungen vor Trunksucht, Gewalttätigkeit und Geldgier wie die Empfehlung gütigen und friedliebenden Verhaltens richten sich einerseits gegen allgemeinmenschliche Fehlhaltungen, andererseits könnte ein Leitungsamt in der Gemeinde auch Anreiz zu Geldgier oder herrschsüchtigem Verhalten sein.

4-5   Auch die Forderung, der Kandidat für ein Gemeindeamt müsse sich im eigenen Hauswesen bewährt haben, ist in profanen Pflichtenlehren zu finden. Die Ausführlichkeit aber, mit der dieser Aspekt behandelt wird, zeigt seine Bedeutung ebenso wie der zusammenfassende Vers 15, in welchem die Kirche explizit als Hauswesen Gottes bezeichnet wird. Der konventionelle Topos erhält so einen neuen Stellenwert.

6   Spezifisch christlich ist die Forderung, der Bewerber um das gemeindeleitende Amt dürfe kein Neubekehrter sein. Die Begründung ist nicht ganz durchsichtig. Üblicherweise versteht man sie — wie auch oben in der Übersetzung — dahin, daß der Neubekehrte durch einen schnellen Aufstieg eitel werden könnte. Vielleicht hat das zugrundeliegende griechische Verbum aber auch an dieser Stelle die in 6,4 geforderte Bedeutung »verblendet werden«; dann wäre daran gedacht, daß ein Neubekehrter und daher noch nicht genügend mit der Glaubenslehre Vertrauter leicht der Irrlehre verfallen könnte. Zu einer solch schweren Verfehlung paßte auch die Androhung des »Gerichtes des Teufels« besser. Auch dieser Ausdruck kann unterschiedlich ausgelegt werden. Entweder ist daran gedacht, daß der Teufel im Endgericht als Ankläger auftritt (vgl. Ijob 1,9–11; Offb 12,7–10). Oder aber es soll dem durch die Irrlehre verblendeten Gemeindeleiter angedroht werden, ihn erwarte dasselbe schwere Gericht wie den Teufel (Mt 25,41;

Offb 20,10). Übrigens kann diese Regel nicht in der Frühzeit des Christentums geschrieben worden sein; da standen ja keine anderen als neubekehrte Kandidaten für gemeindliche Ämter zur Verfügung. Außerdem zeigt 1. Kor 16,15 ff., daß Paulus solche Vorsichtsmaßnahmen nicht kannte.

Daß der Bischofskandidat sich eines guten Leumunds bei den Außenstehenden 7 erfreuen soll, ist bei einem Denkansatz, der das im zwischenmenschlichen Bereich Bewährte auch für das Christsein gültig macht, nicht überraschend und wird entsprechend oft eingeschärft (1. Tim 5,14; 6,1; Tit 2,5.8.10). Solche Rücksichtnahme auf die Öffentlichkeitswirkung christlichen Verhaltens ist ein verbreitetes Motiv urchristlicher Paränese (1. Thess 4,12; 1. Kor 10,22; Kol 4,5; 1. Petr 2,12.15; 3,1.16). Am integren Leben der Amtsträger und natürlich auch der Gemeindeglieder muß sichtbar werden, wie Gott Menschen durch Vergebung und Taufe zu verändern und zu erneuern vermag.

Ein Gemeindeleiter mit schlechtem Ruf bringt die ganze Gemeinde in Verruf. Die aus alttestamentlich-jüdischer Tradition stammende Metapher »Schlinge des Teufels« will wohl sagen, daß ein ins Zwielicht geratener Amtsträger nicht mehr frei handeln kann.

Wie in der von Paulus gegründeten Gemeinde zu Philippi neben den »Bischö- 8 fen« Diakone stehen (Phil 1,1), so ordnet auch unser Brief diese beiden Ämter einander zu. Die Anforderungen an die Diakone unterscheiden sich von denen an die »Bischöfe« kaum. Neu ist gegenüber dem Bischofsspiegel die Abweisung der Doppelzüngigkeit — aber das dürfte kein besonderes Problem des Diakonenamtes gewesen sein. Höchstens die Warnung vor Geldgier könnte mit der Aufgabe, Spenden und Almosen zu verteilen, zusammenhängen.

Über die moralischen Standards der Zeit hinaus soll der Diakon aber auch 9 Treue zum christlichen Glauben zeigen. Die feierliche Wendung »Geheimnis des Glaubens« spielt an auf das schon bei Paulus (1. Kor 2,7–10) und seinen Schülern (Kol 1,26; 2,2; 4,3; Eph 1,9; 3,4) zu findende Theologumenon, Christus sei das von Anbeginn der Schöpfung verborgene, jetzt in der Endzeit enthüllte Geheimnis Gottes. Eine gewisse Verkirchlichung dieses Lehrsatzes ist nicht zu verkennen, da nicht mehr nur Christus Gegenstand endzeitlicher Offenbarung Gottes ist, sondern der »Glaube«, der im Sinne der Pastoralbriefe treues Festhalten an kirchlicher Lehre und Weisung ist. Daß das »reine Gewissen« (vgl. 1,5: »gutes Gewissen«) angesprochen wird, unterstreicht die Ausrichtung auf die ethische Lebenshaltung.

Die charakterliche Eignung und sittliche Lauterkeit des Amtsträgers ist so 10 wichtig, daß eine Prüfung der Bewerber angeordnet wird. Dabei bleibt offen, wer diese Prüfung vornimmt (der Bischof oder das Presbyterium oder die ganze Gemeinde?) und welche Form sie annimmt.

Der Diakonenspiegel wird durch die Nennung von »Frauen« unterbrochen. 11 Sehr wahrscheinlich sind damit weibliche Diakone gemeint; hätte der Verfasser von den Ehefrauen der Diakone sprechen wollen, hätte er wohl »ihre Frauen« geschrieben. Die an die Diakoninnen gestellten Anforderungen entsprechen inhaltlich denjenigen, welche an die Diakone gestellt werden. Aus Röm 16 wissen wir, wie wichtig Frauen als Mitarbeiter in den urchristlichen Gemeinden waren;

aus einem Brief des jüngeren Plinius, des römischen Statthalters von Bithynien, erfahren wir, daß es in den dortigen Christengemeinden Diakoninnen gab (Plin epist X,96).

12   Ohne Übergang trägt der Verfasser noch eine Ehe und Familienleben der Diakone betreffende Forderung nach, wie sie ganz entsprechend in den Versen 2 und 4 an den »Bischof« gerichtet war. Allerdings wird die Forderung nach guter Haushaltsvorstandschaft beim Diakon nicht wie beim »Bischof« mit einem Analogieschluß von der Leistung als Hausvorstand auf die Leistung als Gemeindevorsteher begründet. Das »Bischofsamt« ist also das übergeordnete.

13   Zum Abschuß wird den Diakonen, die ihr Amt gut versehen haben, eine Lohnverheißung gegeben. Man wird den Erwerb der »schönen Stufe« als erbaulich-werbende Umschreibung für gutes Ansehen in der Gemeinde verstehen dürfen. Vielleicht ist auch an einen Aufstieg in der Ämterhierarchie zu denken; spätere Kirchenordnungen haben es jedenfalls so verstanden. Daß die Gemeinde Möglichkeiten sozialen Aufstiegs bietet, ist ein beachtlicher Sachverhalt.

Die Verheißung »großen Freimutes« nimmt eine paulinische Wendung auf (2. Kor 3,12; 7,4; Phlm 8), mit der Paulus die aus seiner apostolischen Vollmacht kommende Offenheit und Freiheit bezeichnet. Im Glauben an Christus Jesus kann sich ein guter Diakon solche freie und offene Art des Umgangs mit der Gemeinde erwerben.

8. Die Kirche und das ihr anvertraute Geheimnis (3,14-16)

14 Dies schreibe ich dir in der Hoffnung, bald zu dir zu kommen; 15 falls sich mein Kommen verzögert, (schreibe ich), damit du weißt, wie man im Hause Gottes leben muß, welches die Kirche des lebendigen Gottes ist, Säule und Grundfeste der Wahrheit. 16 Und nach dem Urteil aller (Christen) ist das Geheimnis der Frömmigkeit groß: welcher
offenbart wurde im Fleisch,
gerechtfertigt wurde im Geist,
geschaut wurde von Engeln,
verkündigt wurde unter den Völkern,
geglaubt wurde in der Welt,
aufgenommen wurde in Herrlichtkeit.

A   Diese Verse schließen die Instruktion über Gemeindeordnung ab, indem sie diese ausdrücklich als Weisung für die Zeit der Abwesenheit des Apostels erklären. Aus der fiktiven Briefsituation heraus wird eine Verzögerung der persönlichen Ankunft des Apostels anvisiert; faktisch ist die Situation der Kirche nach dem Tod des Apostels gemeint. Der dem Timotheus gegebene Auftrag, stellvertretend für Paulus die Gemeinde zu leiten (vgl. schon 1,3), gilt ebenso späteren Gemeindeleitern. Daß die Ordnung der Gemeinde nichts Nebensächliches ist, unterstreicht der Verfasser durch den Hinweis darauf, die Kirche sei das »Hauswesen Gottes«. Damit kommt er auf das zentrale Stichwort »Kirche« und das Mysterium, das sie bekennt, zu sprechen.

Schon die feierliche Einleitung V. 16a läßt vermuten, daß der Verfasser zur Ausformulierung des »Glaubensgeheimnisses« ein der Gemeinde bekanntes Zitat folgen läßt. Für ein Zitat spricht auch der grammatikalisch holperige Übergang mit dem maskulinischen Relativpronomen »welcher«, das sich im Griechischen wie im Deutschen nicht auf das neutrische Bezugswort »Geheimnis« (mysterion) beziehen kann. In der handschriftlichen Überlieferung des Textes ist daher geglättet oder »verbessert« worden: Manche Handschriften lesen das neutrische Relativpronomen (»welches«), die Mehrzahl der jüngeren Handschriften liest »Gott«. Doch sind solche Relativsätze, deren Hauptsatz fehlt, auch anderwärts zu finden (Phil 2,6; Kol 1,15) und werden mit guten Gründen als Indiz für einen übernommenen Text angesehen. Formale und inhaltliche Kriterien lassen an unserer Stelle wie auch in Phil 2,6–11 und Kol 1,15–20 vermuten, es werde ein Christushymnus zitiert. Als gottesdienstliche Lieder wurden diese Hymnen wahrscheinlich mit einem Lobpreis eröffnet, der bei der Zitation wegfiel, also etwa »Preis und Ehre sei Ihm, der geoffenbart wurde im Fleisch ...« (J. Jeremias). Sprachlich-stilistische Beobachtungen begründen die Annahme eines zugrundeliegenden Hymnus. Der Text besteht aus sechs syntaktisch parallelen Verbalsätzen, die jeweils zwei betonte Silben enthalten und fast gleiche Silbenzahl aufweisen. Zwei Gliederungsprinzipien sind erkennbar: Die Substantive am Ende der Zeilen bilden Gegensatzpaare (Fleisch — Geist, Engel — Völker, Welt — [göttliche] Herrlichkeit); schematisch könnte man die Zuordnung a b, b a, a b wiedergeben. Gleichzeitig bilden die am Satzanfang stehenden Verben Gegensatzpaare: In den Zeilen 1, 3 und 4 wird von einem Proklamationsvorgang gesprochen (offenbaren/erscheinen/verkündigen), in den Zeilen 2, 5 und 6 von einem Akzeptationsvorgang (rechtfertigen/glauben/aufnehmen), jeweils auf irdische und himmlische Sphäre verteilt. Somit ergibt sich als zweites Gliederungsprinzip das Schema x y, x x, y y.

Die beiden ersten Zeilen des Hymnus beschreiben das Ganze des Heilsgeschehens, die beiden folgenden die himmlische und irdische Proklamation des Erhöhten, die beiden letzten Zeilen künden die irdische und himmlische Annahme dieser Kundgabe.

Mit gebräuchlichen Formeln des griechischen Briefstils lenkt der Verfasser zur Briefsituation zurück. Nun spielt die Ankündigung von Besuchen des Apostels oder seiner Mitarbeiter auch bei Paulus eine Rolle (1. Thess 2,17f.; 1. Kor 4,17ff.; 16,5ff.; 2. Kor 10–13), um seine apostolische Autorität wirksam zu machen. Dieses Motiv wird übernommen, um die Kirche der nachapostolischen Zeit der bleibenden Verbindung mit dem apostolischen Ursprung zu versichern. **B 14**

Der Brief soll das Wissen darum, wie man im Hauswesen Gottes leben muß, vermitteln. Timotheus, der langjährige erprobte Mitarbeiter des Paulus, bedurfte solcher elementaren Hinweise natürlich nicht, wohl aber die um ihre Identität ringende Kirche der dritten Generation. **15**

Wenn der Verfasser die Kirche unter das Leitbild des Hauswesens Gottes stellt, dann assoziiert er damit bestimmte Ordnungsstrukturen, die jedem Glied der antiken Großfamilie eine bestimmte Aufgabe zuweisen. Der institutionelle Charakter der Kirche tritt auch in 2. Tim 2,19–22 hervor.

Die beiden folgenden Prädikationen ergänzen dieses Bild. Kirche ist »Kirche des lebendigen Gottes«. Dies erinnert an 2. Kor 6,16: »Wir sind der Tempel des lebendigen Gottes«. Es ist sicher kein Zufall, daß in den Pastoralbriefen die Kirche nirgends als Tempel bezeichnet wird; das damit verbundene endzeitliche Bewußtsein geht den Pastoralbriefen ab. Aber auch das sich in der Welt einrichtende Hauswesen Gottes hat es mit dem »lebendigen Gott« zu tun. Ferner ist Kirche »Säule und Grundfeste der Wahrheit«. Dies erinnert an Selbstbezeichnungen der Qumrangemeinde, die sich als »festgegründet in der Wahrheit« (1QS 8,5) und als »Gründung des Heiligen Geistes zu ewiger Wahrheit« (1QS 9,3 f.) verstand. Die Kirche ist somit Ort und Hüterin der Wahrheit. Damit wird auf die Polemik gegen die Häretiker vorausverwiesen, die durch ihr negatives Verhältnis zur Wahrheit charakterisiert werden (1. Tim 6,5; 2. Tim 2,18; 3,8; 4,4; Tit 1,14).

16   Die Wahrheit, die in der Kirche gegenwärtig ist und ihr Festigkeit verleiht, wird durch den Verweis auf Weg und Werk Jesu Christi entfaltet. Die Bezeichnung »großes Geheimnis der Frömmigkeit« erinnert an das in V. 9 apostrophierte »Geheimnis des Glaubens«; Frömmigkeit ist, ähnlich wie Glaube, in den Pastoralbriefen die vom Christusereignis bestimmte Glaubens- und Lebenspraxis.

Das Christusgeschehen handelt in den Sphären von Fleisch und Geist, umfaßt also irdischen und himmlischen Raum. Jesus Christus — er wird in dem Hymnus zwar nicht genannt, aber das einleitende Relativpronomen bezieht sich zweifellos auf ihn — trat als Mensch auf, wurde in die himmlische Welt erhöht, die Engelwelt huldigte ihm, der Menschenwelt wurde er verkündet und er findet weltweit Glauben.

Der Christushymnus, den Paulus in Phil 2,6–11 anführt, hat ähnliche Aussagen. Während dort aber die Göttlichkeit des Menschgewordenen deutlich angesagt wird, ist sie an unserer Stelle höchstens zu erschließen. Wird dort der Weg der Entäußerung bis zum Tod am Kreuz betont, so genügt hier der Hinweis auf die Existenz »im Fleisch«. Wird dort die Erhöhung als Folge des Gehorsams des Menschgewordenen dargestellt, so wird sie hier einfach konstatiert. Wird dort die Unterwerfung der Mächte des Kosmos gepriesen, so hier nur die Akzeptation durch die Engel. Das heißt, die Christologie unseres Hymnus wirkt etwa im Vergleich mit der des Philipperhymnus altertümlicher und einfacher.

Die in den früheren Auflagen dieses Kommentars vertretene These, diesem Hymnus liege das Schema des altägyptischen Thronbesteigungsrituals zugrunde, das die Akte Erhöhung, Präsentation und Inthronisation umfasse, ist nicht angemessen. Zum einen wird neuerdings die Existenz dieses Rituals mit guten Gründen bezweifelt, zum anderen paßte die erste Zeile in ein solches Ritual nicht hinein. Es liegt näher, hinter unserem Hymnus jüdisch-mystische Traditionen zu sehen. Im hebräischen Henochbuch, dessen älteste Schichten ins 2., teilweise sogar ins ausgehende 1. Jahrhundert nach Christus zurückgehen dürften, wird Henoch, der Sohn des Jared, von Gott entrückt; diese Entrückung geschieht »in großer Herrlichkeit«; die Engel protestieren gegen Henochs Auftreten im Himmel, aber der Heilige, gepriesen sei er, erklärt, Henoch sei betreffs seines Glaubens, seiner Gerechtigkeit und der Vollkommenheit seiner Taten ebensoviel wert wie seine ganze Generation; ein Herold geht durch alle Himmel und verkündigt

Henochs Einsetzung als Fürst und Herrscher über die Himmlischen, und Jahwe kleidet ihn mit einem Herrlichkeitsgewand. So deutet unser Hymnus die Ostererfahrungen mit Hilfe der Henochtradition.

Dem Glauben an die Erhöhung des Christus Jesus aus dem Bereich der Menschenwelt zu herrscherlicher Stellung in der himmlischen Welt entspricht der Glaube an seine universale Verkündigung und Annahme auch in der Menschenwelt. Natürlich war zur Zeit der Abfassung des Hymnus und auch noch zur Zeit seiner Aufnahme in die Pastoralbriefe keine weltweite Kirche vorhanden; im hymnischen Lobpreis hat die urchristliche Gemeinde die Hoffnung auf die Völkermission als Konsequenz ihres Christusglaubens vorweggenommen.

Ein Denken, das die konkrete Situation so völlig überspringt, kann in Schwärmerei ausarten. Der Verfasser unseres Briefes, der diesen Hymnus übernommen hat, ist gewiß nicht dadurch gefährdet; er kümmert sich eher zu ausführlich und gewissenhaft um die konkreten Probleme des kirchlichen Alltags. Aber er hat trotz aller Weltlichkeit und christlicher Bürgerlichkeit noch etwas von der Glut urchristlicher endzeitlicher Hoffnung bewahrt.

9. Auseinandersetzung mit den asketischen Forderungen der Irrlehrer (4,1-11)

1 Der Geist aber sagt ausdrücklich, daß in späteren Zeiten manche vom Glauben abfallen werden, da sie sich an betrügerische Geister und Lehren von Dämonen halten, 2 aufgrund der Heuchelei von Lügenrednern, die gebrandmarkt sind in ihrem Gewissen, 3 die das Heiraten verbieten und Enthaltung von Speisen (gebieten), die Gott doch geschaffen hat, damit sie mit Danksagung genossen werden von den Gläubigen und zur Erkenntnis der Wahrheit Gekommenen. 4 Denn alles, was Gott erschaffen hat, ist gut, und nichts ist verwerflich, wenn es mit Danksagung empfangen wird; 5 es wird nämlich geheiligt durch Gottes Wort und Gebet.
6 Wenn du diese (Lehren) den Brüdern kundtust, wirst du ein guter Diener Christi Jesu sein, der lebt von den Worten des Glaubens und der guten Lehre, in deren Gefolgschaft du getreten bist; 7 die unheiligen Altweibergeschichten aber weise zurück! Übe dich dagegen für die Frömmigkeit. 8 Denn die körperliche Übung ist (nur) zu wenigem nützlich, die Frömmigkeit aber ist zu allem nützlich, da sie die Verheißung des jetzigen und des künftigen Lebens besitzt. 9 Zuverlässig ist das Wort und verdient volle Anerkennung; 10 denn daraufhin mühen wir uns ab und kämpfen wir, weil wir unsere Hoffnung auf den lebendigen Gott gesetzt haben, der der Retter aller Menschen, vor allem der Gläubigen, ist. 11 So sollst du verkündigen und lehren.

Vers 4: *1. Mose 1,31.*

Bereits in 1,3-7 war Timotheus mit der Bekämpfung von Irrlehrern beauftragt A worden. Jetzt wird dieser Auftrag im Blick auf die asketischen Forderungen der Häretiker konkretisiert. Das Verbot des Heiratens und das Gebot der Enthaltung von bestimmten Speisen lassen eine weltverneinende Haltung erkennen, die sich mit dem Denken der Gnosis berührt. Die VV. 3-5 bringen ein theologisches

Räsonnement, die V. 6–11 stellen die Bedeutung des Amtsträgers für die Auseinandersetzung heraus.

B   Das Auftreten von Irrlehrern wird als ein vom Heiligen Geist geweissagtes Phä-
1 nomen in »späteren Zeiten«, das heißt in der Endzeit (vgl. 2. Tim 3,1 f.; 4,3 f.),
erklärt. Damit nimmt der Verfasser einen in den Spätschriften des NT verbreiteten Topos auf (Mk 13,4–6.21–23; Apg 20,29–31; 2. Thess 2,3.9.11; 1. Joh 2,18; Jud
17 f.). Das Auftreten der Irrlehre soll daher niemanden verunsichern, der Heilsplan Gottes wird dadurch nicht in Frage gestellt. Zugleich wird die Irrlehre damit
als dämonische Verführung bloßgestellt.

2   Die Dämonen bedienen sich schlechter, verderbter Menschen, um ihre Lehren
zu verbreiten. Die Unterstellung minderwertiger Motive gehört ebenfalls zur
Topik der Irrlehrerbekämpfung (Röm 16,17 f.; Phil 3,18 f.; Jud 4.11 f.; 2. Petr
2,2 f.13–22). Solche plakative Auseinandersetzung war in der Zeit und Umwelt
unserer Briefe nichts Ungewöhnliches — zur gewiß notwendigen Auseinandersetzung um die Wahrheit trägt sie indes nichts bei.

3   Die Verwerfung der Ehe ist in der Gnosis des 2. Jahrhunderts sicher belegt (Iren
adv haer I 24.28 — Kl Alexandrinus Strom III 45.48 u.ö. vgl. zu 2,15). Sie ist
begründet im gnostischen Dualismus zwischen Materie und Geist. Nach dem
gnostischen Ägypterevangelium (Kl Alexandrinus Strom III 64) schließt Kindergebären vom Heil aus. Dafür hat man sich wahrscheinlich sogar auf Paulus berufen, der im 1. Korintherbrief Ehelosigkeit für besser als den Ehestand hält, allerdings nicht aus asketischen oder gar schöpfungsverneinenden Motiven heraus,
sondern aus seiner Sicht der endzeitlichen Situation (1. Kor 7,28.33 ff.).

Die Nahrungsaskese der Irrlehrer hat Parallelen bei einer christlichen Gruppe
in Rom, die auf Fleisch und Wein verzichtet (Röm 14,2.21) und bei der im Kolosserbrief bekämpften Richtung (Kol 2,21); sie wird auch in griechischen Philoso-
phenschulen und gnostischen Mysterienvereinen geübt. Im Hintergrund stehen
die unterschiedlichsten Motivationen: Das Ideal des naturgemäßen Lebens,
gesundheitliche Bedenken, kultisch-religiöse Vorstellungen oder der Wunsch
nach Befreiung vom Materiellen.

Der Verfasser geht auf die gegnerische Ablehnung der Ehe gar nicht ein; zu
deutlich hat er die kirchliche Gegenposition schon artikuliert (2,15; 3,2.4.12).
Dem Problem der Nahrungsaskese dagegen widmet er eine Widerlegung, und
zwar beruft er sich darauf, daß die Speisen von Gott zum Genuß geschaffen sind.
Er denkt wohl an 1. Mose 1,29 und 9,3.

4   Aber der Verfasser geht noch weiter, indem er 1. Mose 1,31 anklingen läßt:
»Und Gott sah alles an, was er gemacht hatte, und siehe, es war sehr gut«. Die
Schöpfung ist grundsätzlich positiv zu beurteilen. Das ist eine klare Absage an die
gnostische Verwerfung der Schöpfung. Der Verfasser hat das Problem damit an
der Wurzel gepackt. Er ergänzt die schöpfungstheologische Begründung noch
durch den Hinweis, daß die Speisen mit Danksagung empfangen werden. Damit
wird auf die jüdischem Erbe entstammende Sitte des Tischgebets verwiesen, wie
es schon Paulus bei der Regelung des korinthischen Streites zwischen »Starken«
und »Schwachen« getan hatte (1. Kor 10,30).

Die Heiligung der natürlichen Dinge durch Gottes Wort wird sich auf die 5
erwähnten alttestamentlichen Stellen beziehen, die möglicherweise in den Tisch-
gebeten zitiert wurden.

Die Treue zur rechten Lehre qualifiziert den Amtsträger als »Diener Christi 6
Jesu«; diese Bezeichnung wird im NT nur noch für den Paulusschüler Epaphras
(Kol 1,7) verwendet. Aber die zuverlässigen Lehren sollen nicht nur theoretisch
weitergegeben werden, der Amtsträger muß sich selbst dem verpflichtenden
Anspruch der Glaubenslehre unterstellen.

Die Lehren der Häretiker, die mit dem auch in popularphilosophischer Pole- 7
mik verwendeten Schimpfwort »Altweiberfabeln« abqualifiziert werden, sollen
einfach zurückgewiesen werden. Nicht der Körper, sondern die Frömmigkeit soll
trainiert werden. Schon Paulus konnte gelegentlich Metaphern aus dem Sport-
leben verwenden (1. Kor 9,24 ff.).

Die Formel »Zuverlässig ist das Wort« könnte ein Hinweis darauf sein, daß in 8-9
V. 8 ein Sprichwort zitiert wird; ursprünglich dürfte es den größeren Nutzen
philosophischer Übung gegenüber der Athletik herausgestellt haben. Unser Verfasser hätte dann nur seinen Zentralbegriff »Frömmigkeit« (vgl. 2,2) statt des
ursprünglichen Begriffes »Philosophie« geschrieben. Die Annahme, hier sei ein
profanes Sprichwort umgeformt worden, ließe es verständlich werden, warum
der Verfasser so ungeschützt vom Nutzen frommer Übungen für dieses und das
künftige Leben spricht; denn er weiß doch um den Geschenkcharakter des Heils
(vgl. 1,12–16). Hauptsächlich liegt ihm wohl an der Gegenüberstellung von
unnützer häretischer Askese und kirchlicher Lebensweise, zu der auch die im 3.
Kapitel angeführten Tugenden gehören, die wie alle Tugenden einübbar sind und
eingeübt werden müssen.

Deshalb hat auch der Christ Mühe und Kampf zu gewärtigen, wie mit einer an 10
Kol 1,29 anklingenden Wendung ausgesagt wird; aber seine Hoffnung ruht letztlich nicht auf der eigenen Leistung, sondern auf der Verheißung Gottes, dessen
universaler Heilswille offenbar ist (vgl. schon 2,4 ff.).

Was Timotheus geboten wird, gilt natürlich jedem Gemeindeleiter, der vor der 11
Herausforderung durch die Irrlehre steht.

10. Anweisungen für die Gemeindeleitung (4,12–6,2)

a) Das Vorbild des Gemeindevorstehers (4,12–16)

**12 Keiner verachte dich wegen deines jugendlichen Alters. Werde vielmehr
zum Vorbild für die Gläubigen durch Wort, Lebenswandel, Liebe, Glaube und
Reinheit. 13 Bis ich komme, widme dich der Schriftlesung, der Ermahnung und
der Unterweisung. 14 Laß die Gnadengabe in dir nicht verkümmern, die dir
durch Prophetenwort und unter Handauflegung des Ältestenrates gegeben
wurde. 15 Darum kümmere dich, damit gib dich ab, damit dein Fortschritt
allen offenkundig werde. 16 Gib acht auf dich selbst und auf die Lehre; verharre
darin! Wenn du das tust, wirst du dich selbst und deine Hörer zur Rettung
bringen.**

A   Auf die Anweisungen für das Verhalten gegen die Irrlehrer folgen Verhaltensmaßregeln für die innergemeindliche Wirksamkeit des Amtsträgers. Er soll ein Vorbild christlicher Lebensführung sein, gleichzeitig steht er aber der Gemeinde mit besonderen Aufgaben gegenüber. Die Position des Gemeindeleiters ist offenbar umstritten; nach V. 12a wird Widerspruch artikuliert, nach V. 15 soll der Amtsträger durch sein Verhalten zur Stärkung seiner Autorität beitragen. Dem entspricht auch der ausführliche Verweis auf das besondere Charisma des Amtsträgers, die wiederholte Beauftragung mit der Lehre (V. 13 und 16) und die Differenzierung zwischen dem Amtsträger und den »Hörern«.

B   Das jugendliche Alter des Timotheus ist nicht biographisch, sondern typisch
12   gemeint (vgl. auch Tit 2,7). Die Position des durch Timotheus repräsentierten Gemeindeleiters ist offenbar umstritten. Daß das Alter eine Rolle spielt, weist darauf hin, daß die angesprochenen Gemeinden bisher eine Presbyterialverfassung hatten, das heißt von einem Gremium älterer Männer geleitet wurden. Das Altersprinzip soll jedoch bei der neuen »Bischofsverfassung« keine Rolle spielen, und daher wird Timotheus als junger Mann vorgestellt. Nicht aufgrund seines Alters, sondern aufgrund seiner in Lehre und Lebensführung bewiesenen Haltung soll er sich als Vorbild erweisen. Die Vorbildlichkeit im Wort wird im Sinne von Jak 3,8 als Beherrschung der Zunge zu verstehen sein. Daß der Glaube neben Liebe und Reinheit genannt wird, zeigt daß er hier im Sinne von Rechtgläubigkeit verstanden wird.

13   Insbesondere werden Timotheus drei Aufgaben übertragen: Die »Lesung« meint wohl die Vorlesung der Heiligen Schrift im Gottesdienst, wie sie schon für den Synagogengottesdienst wesentlich war (vgl. Lk 4,16ff.); vielleicht gehörte dazu auch schon die Vorlesung von Paulusbriefen (vgl. 1. Thess 5,27; Kol 4,16). Unter der »Mahnrede« wird man die Vergegenwärtigung des Gotteswortes in der Predigt verstehen dürfen. Mit »Lehre«, einem Lieblingswort der Pastoralbriefe (vgl. aber schon Röm 6,17), wird auf die dogmatisch-ethische Überlieferung der Kirche verwiesen.

Der von Timotheus repräsentierte Gemeindeleiter hat also die Aufgabe der Leitung des Wortgottesdienstes. Über die Herrenmahlsfeier erfahren wir nichts. Man wird zwar nicht annehmen dürfen, in den angesprochenen Gemeinden sei das Herrenmahl unbekannt gewesen, ebensowenig aber einfach postulieren, selbstverständlich sei der Gemeindeleiter auch mit dem Vorsitz bei der Mahlfeier beauftragt gewesen, wie es explizit erst Ignatius von Antiochien fordert (Smyrn 8).

Das Schweigen der Pastoralbriefe läßt sich am einfachsten verstehen, wenn die Mahlfeier in diesen Gemeinden noch als häusliche begangen wurde.

14   Zu diesen Aufgaben ist Timotheus befähigt, weil ihm eine besondere Gnadengabe, ein Charisma, eignet, die ihm in einem besonderen Akt verliehen wurde. Aufgrund von Prophetenstimmen und unter Handauflegung des Presbyterkollegiums ist Timotheus in sein Amt eingesetzt worden. Hier ist die Grundlage für die bis heute übliche Ordination von kirchlichen Amtsträgern zu sehen.

Exkurs: Die Ordination in den Pastoralbriefen

Handauflegung ist als Segens- oder Heilgestus religionsgeschichtlich weit verbreitet. Als Beauftragungsritus dagegen ist Handauflegung nur im Judentum und Urchristentum bekannt.

Unter Rückgriff auf die alttestamentlichen Berichte von der Einsetzung der 70 Ältesten in der Mosezeit (4. Mose 11,16f.) und die Einsetzung des Josua zum Nachfolger des Mose (4. Mose 27,15ff.; 5. Mose 34,9) übertrugen Rabbinen ihren Schülern durch Aufstemmen beider Hände nach Ablauf des Torastudiums die Vollmacht, das Gesetz selbständig auszulegen und als Richter in Strafprozessen zu fungieren. Dadurch sollte die Autorität des Lehrers an den Schüler weitergegeben werden. Diese Handlung wurde öffentlich durch drei Rabbinen vollzogen; zwei davon hatten wohl mehr die Funktion von Zeugen. Im Zuge der Neuorganisation des Judentums nach dem Scheitern des Bar-Kochba-Aufstandes (132–135 n.Chr.) wurde das Ordinationsrecht dem jüdischen Patriarchen von Galiläa übertragen; noch später mußte das Synhedrium seine Zustimmung zu Ordinationen geben.

Für das Judentum, das seit der Tempelzerstörung im Jahre 70 n.Chr. in einer schweren Identitätskrise steckte, war die Ordination ein Kontinuität stiftender Akt. Daß Gemeinden judenchristlicher Prägung am Ende der nachapostolischen Zeit auf ein solches Modell zurückgegriffen und es christlich umgebildet haben, ist verständlich. Die Kontinuität zu den normativen Anfängen konnte so gesichert werden.

Die Pastoralbriefe lassen folgende Eigenheiten der urchristlichen Ordination erkennen:

a) Nach 1.Tim 1,18 und 4,14 wird der Kandidat durch Propheten designiert. Dies ist in den Pastoralbriefen der einzige Hinweis auf das Weiterleben des im frühesten Christentum so wichtigen prophetischen Elementes (vgl. 1.Kor 12; 14; Apg 13,1–3 u.ö). Da man sich um das Bischofsamt aber bewerben soll und auch eine ganze Reihe von Eignungskriterien bekannt sind, kann die Mitwirkung der Propheten nur marginal gewesen sein.

b) Das Presbyterkollegium legt dem Ordinanden die Hände auf (1.Tim 4,14); dies steht in Spannung zu der Angabe in 2.Tim 1,6, daß Paulus dem Timotheus die Hände aufgelegt habe. In den früheren Auflagen dieses Kommentars wurden die beiden Aussagen dadurch ausgeglichen, daß unsere Stelle übersetzt wurde »Handauflegung zum Ältestenamt«, eine Übersetzung, die sehr unwahrscheinlich ist. Andere Ausleger wollen die Aussage des 2.Timotheusbriefes auf die Ordination, unsere Stelle auf die Installation des Amtsträgers in Ephesus beziehen. Diese Unterscheidung geht aber aus den Texten nicht hervor. Die divergierenden Angaben erklären sich sehr viel einfacher durch die unterschiedlichen Abzweckungen der beiden Briefe. Der 2.Timotheusbrief will Timotheus möglichst nahe an Paulus heranrücken, während der 1.Timotheusbrief eine praktikable Ordnung für die nachapostolische Zeit geben will. Die Mitwirkung des Presbyterkollegiums stellt jedenfalls einen wesentlichen Aspekt der urchristlichen Ordination dar, die Gemeindebezogenheit. Der Ordinand soll nicht ein persönliches Vorrecht erhalten, sondern zum Gemeindedienst zugerüstet werden.

c) Nach 2. Tim 2,2 gehört zur Ordination die formelle Übergabe des tradierten Evangeliums in Anwesenheit von Zeugen. Hier liegt der wesentlichste Unterschied zur jüdischen Ordination: Geht es bei den Rabbinen um die Tora vom Sinai und ihre Auslegung, so in der christlichen Gemeinde um die Bewahrung und Geltendmachung des Christusevangeliums (vgl. auch 1. Tim 6,20).

d) Die Ordination verleiht ein Charisma (1. Tim 4,14; 2. Tim 1,6). Damit wird auf die für Paulus grundlegende Vorstellung zurückgegriffen, die im Christusgeschehen offenbar gewordene Gnade (Charis) Gottes individuiere sich in bestimmten Gnadengaben (Charismata). Apostel, Propheten und Lehrer sind Träger eines Charismas ebenso, wie die mit Gemeindeleitung und -verwaltung oder Übung der Nächstenliebe Befaßten (1. Kor 12; Röm 12). Als Oberbegriff für alle kerygmatischen und diakonischen Gaben in der Gemeinde wird der Begriff Charisma noch in 1. Petr 4,10 verwendet. In den Pastoralbriefen verengt sich der Begriff zum Amtscharisma. Diese besondere Gabe soll den Amtsträgern zum Zeugendienst bis hin zur Leidensbereitschaft befähigen (2. Tim 1,7f.).

15   Im Bemühen um vorbildliche Lebensführung und treue Amtsausübung soll ein Fortschritt bemerkbar sein; ähnlich fordern die stoische Popularphilosophie (Seneca, Epiktet) und das hellenistische Judentum (Sir 51,17; Philo) sichtbare Fortschritte in der geistig-sittlichen Entwicklung des Menschen.

16   Es geht aber — anders als in der Stoa — nicht primär um die Entwicklung und Entfaltung des Individuums, sondern um die dem Amtsträger gegebene Verantwortung für die Gemeinde. Ihre Bezeichnung als »die Hörenden« läßt das Gegenüber von Amtsträgern und Gemeinde recht deutlich werden. Die abschließende Verheißung der Rettung für ein den rechten Glauben und rechten Wandel umfassendes Leben ist unpaulinisch formuliert; durch den Gesamtzusammenhang der Pastoralbriefe wird sie vor dem Mißverständnis geschützt, als sei das Heil der eigenen Leistung zu verdanken.

b) Über den Umgang mit Alten und Jungen (5,1-2)

1 Einen älteren Mann sollst du nicht schroff behandeln, sondern ihn wie einen Vater ermahnen, jüngere Männer wie Brüder, 2 ältere Frauen wie Mütter, jüngere Frauen wie Schwestern in aller Reinheit.

Da nach den Pastoralbriefen der Gemeindeleiter nicht mehr unbedingt die Würde und Autorität des Alters besitzen muß, bedarf sein Verhalten gegenüber Älteren und Gleichaltrigen einer Normierung. Auch hier greift der Verfasser ein Schema aus der Popularphilosophie auf, das ein angemessenes Verhältnis zwischen den Generationen vorschrieb. Wenn der Gemeindeleiter Grund zur Ermahnung eines älteren Menschen hat, muß er selbstverständlich sein Amt ausüben; aber er muß es in respektvoller Weise tun. Das Bild von der Kirche als dem Hauswesen Gottes ist nicht vergessen; es legt ein taktvolles, brüderliches Verhalten zu den Gemeindegliedern nahe.

c) Der Witwenstand (5,3–16)

3 Witwen ehre, wenn sie wirklich Witwen sind! 4 Wenn eine Witwe Kinder oder Enkel hat, so sollen diese lernen, ihre Familienpflichten zu erfüllen und Dankbarkeit gegen die Vorfahren zu üben; denn das ist wohlgefällig vor Gott. 5 Die wirkliche Witwe und Vereinsamte aber hat ihre Hoffnung auf Gott gesetzt und verweilt in Gebet und Flehen Nacht und Tag, 6 die aber ein ausschweifendes Leben führt, ist tot bei lebendigem Leibe.
7 Gib diese Anweisung, damit sie untadelig seien. 8 Wenn jemand aber für die Angehörigen und besonders für die im gleichen Haus (Lebenden) nicht sorgt, der hat den Glauben verleugnet und ist schlimmer als ein Ungläubiger.
9 Als Witwe soll nur die eingetragen werden, die nicht weniger als 60 Jahre alt ist, mit einem einzigen Mann verheiratet war, 10 im Ruf steht, gute Werke zu tun, wenn sie Kinder aufgezogen, Fremde in ihr Haus aufgenommen, den Heiligen die Füße gewaschen, Bedrängten beigestanden hat und jedem guten Werk nachgegangen ist. 11 Jüngere Witwen dagegen weise ab. Wenn sie nämlich Christus zuwider ihren sinnlichen Trieben folgen, wollen sie wieder heiraten 12 und ziehen sich das Urteil zu, daß sie die erste Treue gebrochen haben. 13 Zugleich lernen sie, untätig in den Häusern herumzulaufen, nicht nur untätig, sondern auch geschwätzig und neugierig und reden unziemliche Dinge. 14 Ich will nun, daß jüngere Witwen heiraten, Kinder gebären, ihren eigenen Haushalt führen und dem Widersacher keinen Anlaß zur Lästerung geben. 15 Einige sind nämlich schon abgefallen und dem Satan nachgefolgt. 16 Wenn aber eine gläubige Frau Witwen (in ihrer Familie) hat, soll sie ihnen beistehen und die Gemeinde soll nicht belastet werden, damit sie den wirklichen Witwen beistehen kann.

Vers 5: *vgl. Jer 49,11.*

Dieser Abschnitt handelt von den Witwen in der Gemeinde. Bereits aus den A Anklagen alttestamentlicher Propheten (Jes 1,23; 10,2; Jer 5,28) und gewissen Schutzbestimmungen (5. Mose 14,29; 16,11.14; 24,17 ff.; 26,12 f.) wird das schwere Los verwitweter Frauen deutlich. In der Umwelt gab es keine besonderen Fürsorgemaßnahmen für Witwen. Die Pastoralbriefe haben solche kirchliche Witwenfürsorge nicht neu eingeführt, sondern versuchen, bestehende Maßnahmen neu zu ordnen.

Ein erster Unterabschnitt (VV. 3–8) legt fest, daß nur ein bestimmter Kreis, die »wirklichen Witwen«, von der Gemeinde unterstützt werden soll. Ein zweiter Unterabschnitt (VV. 9–16) gilt der Ordnung eines besonderen Witwenstandes in der christlichen Gemeinde, wie ihn auch Ignatius von Antiochien (Smyrnäer 13,1; Polykarpbrief 4,1) und Polykarp von Smyrna (Phil 4,3) kennen.

Die Grundtendenz dieser Regelungen geht dahin, den Kreis der unterstützungswürdigen Witwen möglichst einzuschränken. Offensichtlich waren auf diesem Sektor gewisse Mißbräuche eingerissen, die der Verfasser zu korrigieren bemüht ist.

Den »wirklichen Witwen« soll der Gemeindeleiter Ehre erweisen. Da diese so B allgemeine Aufforderungen durch die folgenden Anweisungen nicht gedeckt 3 wird, hat man vorgeschlagen, das Verbum »ehren« (timan) spezieller zu fassen; da später (5,17) dem guten Vorsteher eine doppelte Vergütung (timē) zugesprochen wird, hat man dem Verbum an unserer Stelle die Konnotation »besolden« gegeben. Eine solche technische Bedeutung geht wohl zu weit. Aber man wird daran erinnern dürfen, daß das Gebot, Vater und Mutter zu ehren, selbstverständlich auch deren materielle Versorgung einschloß. Die wirklichen Witwen in Ehren zu halten wird also vom Kontext her auch die Sorge um eine ausreichende Lebensgrundlage einschließen.

4   Witwen, die noch Angehörige haben, gehören nicht zum Kreis der »wirklichen Witwen« und sind daher von der gemeindlichen Fürsorge auszuschließen. Der zweite Satzteil »sie sollen lernen . . .« ist grammatikalisch schlecht angeschlossen. Die obige Übersetzung nimmt einen Subjektswechsel an: Die Kinder sollen pietätvolles Verhalten gegen ihre Vorfahren lernen, indem sie Mutter und Großmutter unterstützen, bevor sie andere Tätigkeitsfelder suchen. Andere Ausleger nehmen an, das Subjekt des Verbums »lernen« seien die Witwen; daß der im Singular begonnene Satz mit einem Verb im Plural fortgesetzt wird, ist dann als sinngemäße Konstruktion (constructio ad sensum) zu beurteilen. Dann lautet die Forderung, die Witwen mit Angehörigen sollten zuerst die aus ihren familiären Bindungen resultierenden Aufgaben erfüllen, anstatt sich gemeindlichen Aufgaben zu widmen. Doch muß dann die Aufforderung zur Dankbarkeit gegenüber den Vorfahren recht gezwungen erklärt werden: Die Witwen sollen durch die häusliche Pflichterfüllung die Liebe vergelten, die sie von ihren Eltern früher empfangen hatten.

Bei der ersten Deutung wären also die Jungen das Problem, die ihre Mütter oder Großmütter abschieben; bei der zweiten Deutung läge das Problem bei den Witwen, die den gemeindlichen Witwenstand dazu benutzten, um sich vor familiären Pflichten zu drücken. In beiden Fällen greift der für die Pastoralbriefe typische Ansatz, daß die Bewährung in den menschlichen Pflichtenkreisen zugleich wohlgefällig vor Gott ist.

5   Als wirklich verwitwet gilt nur eine völlig Alleinstehende. Für sie muß die Gemeinde fürsorgend eintreten. In ihrer Ungesichertheit verkörpert sie die ganz von Gott abhängige Haltung. Gleichzeitig ist sie frei zu unablässigem Gebet; darin scheint die Hauptaufgabe des Witwenstandes in der Gemeinde und für die Gemeinde gelegen zu haben.

6   Als Kontrastbild wird eine üppig lebende, genußsüchtige Witwe gezeichnet. Ihr unangemessenes Verhalten zeigt, daß sie geistlich tot ist, obwohl sie physisch höchst aktiv ist.

7   Der Gemeindeleiter soll dafür sorgen, daß der Witwenstand untadelig ist. Eine solche Forderung war schon in 3,2 für den Bischof erhoben worden. Offenbar hat es damit Probleme gegeben.

8   Die Anweisung von V. 4 wird in verschärfter Form wiederholt. Vernachlässigung der Pflichten gegen eine verwitwete Mutter oder Großmutter ist Abfall vom Glauben und versetzt in das Heidentum zurück.

9   Nachdem bisher Ausschlußgründe von der gemeindlichen Versorgung für Witwen genannt wurden, wird jetzt positiv festgelegt, wer in die Liste der Gemeindewitwen eingetragen werden soll. Ein Mindestalter von 60 Jahren wird festgesetzt. Eines Mannes Frau soll die Gemeindewitwe gewesen sein. Auch diese Forderung

ist für den Bischof (3,2) und die Diakone (3,12) schon erhoben worden. Im Blick auf die ungleiche eherechtliche Behandlung von Mann und Frau könnte hier das zeitgenössische Idealbild der nach dem Tod des Mannes ehelos verbleibenden Frau im Hintergrund stehen (vgl. das Bild der Prophetin Hanna nach Lk 2,36f.). Allerdings stünde die Forderung V. 14 dann in einem gewissen Widerspruch zu diesem Ideal.

Weiter wird gefordert, daß die Anwärterin auf den Gemeindewitwenstand gute 10 Werke getan hat, wie es in den Pastoralbriefen für alle Christen (Tit 2,14; 3,8.14) speziell für die Frauen (1. Tim 2,10), die Amtsträger (Tit 2,7) und die reichen Gemeindeglieder (1. Tim 6,18) gefordert wird. Für die Gemeindewitwen wird diese Forderung an einigen Punkten konkretisiert. Die Kindererziehung könnte sich auf die Aufnahme von Waisenkindern beziehen, da die wirklichen Witwen ja keine eigenen Nachkommen haben sollen. Die Forderung der Gastfreundschaft war schon für den Bischof erhoben worden (3,2.), die Fußwaschung (vgl. Joh 13) wird ein Beispiel für die Bereitschaft zur Übernahme geringster Dienste am Mitchristen gemeint sein. Der Beistand für Bedrängte meint Hilfsbereitschaft, wo immer sie vonnöten ist. All dies sind Leistungen, die in der Vergangenheit erbracht wurden, um die Aufnahme in die Liste der Gemeindewitwen zu ermöglichen; es handelt sich nicht unbedingt um Aufgaben des Witwenstandes.

Die Festlegung der Altersgrenze scheint auf schlechte Erfahrungen mit jünge- 11-12 ren Witwen zurückzugehen, die häufiger den Wunsch nach einer neuen Ehe hatten. Angesichts des extrem jungen Heiratsalters — jüdische Mädchen wurden in der Regel mit 12–13 Jahren verheiratet, im griechisch-römischen Bereich etwa mit 13–15 Jahren —, ist das verständlich. Wenn ihnen vorgeworfen wird, bei Wiederheirat hätten sie »die erste Treue gebrochen«, so läßt dies darauf schließen, bei der Aufnahme in den Witwenstand sei ein Gelöbnis abgelegt worden, die Witwe wolle fortan nur noch für Christus leben. Insofern ist eine Wiederheirat ein Treuebruch Christus gegenüber.

Die Aufnahme jüngerer Witwen in den Kreis der Gemeindewitwen wird auch 13 deswegen abgelehnt, weil diese dadurch in die Gefahr des Müßigganges und der Schwatzhaftigkeit geraten. Ob das Herumlaufen in den Häusern mit der Verpflichtung zu Hausbesuchen zusammenhängt oder bloß als unerwünschte Folge dessen auftritt, daß Gemeindewitwen nicht mehr für sich selbst sorgen müssen, ist nicht deutlich.

Daher weist der Verfasser die jüngeren Witwen in die eigentlichen Aufgaben 14 der Frau ein, wie sie schon in 2,15 genannt waren, nämlich das Wirken in Haus und Familie. Die Bewährung in den natürlichen Ordnungen ist auch in diesem Fall das Gebotene. Damit wird der gute Ruf der Christen gefördert und Gegnern der Wind aus den Segeln genommen.

Ganz unklar ist, von wessen Abfall hier gesprochen wird (der Witwen? der Irr- 15 lehrer?), worin der Abfall besteht und was mit der Satansnachfolge gemeint ist. Möglicherweise will der Verfasser nur die Dringlichkeit seiner Regeln durch diese dunkle Folie unterstreichen, wie er es auch in 2. Tim 3,1-6 tut (s. dort).

Ein letzter Fall wird erörtert: Eine gläubige Frau hat Witwen bei sich auf- 16 genommen. Diese Witwen sollen nicht in den Stand der Gemeindewitwen eintreten, da sie ja bereits versorgt werden. Die begrenzten Mittel der Gemeinde sollen nicht unnötig in Anspruch genommen werden. Diese Regelung liegt auf derselben Linie wie die in V. 4 und 8 getroffene: Die Fürsorge der Gemeinde soll wirklich nur den Witwen gelten, die keine anderen Möglichkeiten haben.

d) Die Presbyter (5,17-25)

17 Die Presbyter, die gute Vorsteherdienste leisten, sollen doppelter Belohnung gewürdigt werden, insbesondere diejenigen, welche sich abmühen in Wort und Lehre. 18 Denn die Schrift sagt: »Einem dreschenden Ochsen sollst du das Maul nicht zubinden« **und** »Würdig ist der Arbeiter seines Lohnes«. **19 Anklage gegen einen Presbyter nimm nicht an, es sei denn aufgrund von zwei oder drei Zeugen. 20 Diejenigen, welche sündig sind, überführe in Anwesenheit aller, damit auch die übrigen Furcht haben. 21 Ich beschwöre dich aber vor Gott und Christus Jesus und den auserwählten Engeln, daß du dieses beachtest ohne Vorurteil und ohne jede Parteilichkeit handelst. 22 Lege niemandem die Hände zu schnell auf und laß dich nicht in fremde Sünden verstricken. Bewahre dich rein. 23 Trinke nicht länger Wasser, sondern nimm etwas Wein zu dir wegen deines Magens und deiner häufigen Krankheiten. 24 Die Sünden gewisser Leute sind offenkundig und gehen (ihnen) ins Gericht voran, einigen aber folgen sie hinterher; 25 ebenso sind auch die guten Werke offenkundig, und auch die, bei denen es sich anders verhält, können nicht verborgen bleiben.**

Vers 18: 5. Mose 25,4.   Vers 19: vgl. 5. Mose 19,15; 17,6.

A   Probleme hat es auch mit Mitgliedern des Presbyterkollegiums gegeben. Die Institution als solche ist eingeführt; auch in diesem Fall gibt der Verfasser nur ergänzende Anweisungen und Mahnungen. Einzelheiten sind daher nicht immer eindeutig zu klären. Es gibt Ausleger, die die VV. 21 ff. nicht mehr auf die Probleme mit den Presbytern beziehen, sondern allgemein auf die Wiederaufnahme sündiger Christen. Doch dürfte die Annahme einer relativ einheitlichen Thematik zu bevorzugen sein. Die VV. 17 f. handeln von der Belohnung der guten Presbyter; die VV. 19–21 handeln von Disziplinarverfahren gegen verdächtigte und schuldige Presbyter, die VV. 22 und 24 f. von der Ordination der Presbyter. V. 23 ist eine an V. 22b anschließende persönlich formulierte Mahnung, die sich letztlich gegen die Abstinenzvorschriften der Häretiker richtet.

B   Im Kreis der Presbyter, die zunächst aufgrund ihres Ansehens und ihrer Würde
17 in dieses Kollegium berufen worden waren, gab es einzelne, die ihren Aufgaben als »Vorsteher« mit besonderem Einsatz nachgingen, auch solche, die zur Wortverkündigung und Lehre fähig waren. Man wird sich vorstellen können, daß sie in großen Gemeinden den »Bischof« bei der Wahrnehmung seiner Aufgaben unterstützten. Diese besonders Tätigen sollen »doppelter Belohnung« gewürdigt werden. Wie schon in der Witwenregel (V. 3) haben wir die wörtliche Übersetzung »doppelte Ehre« (diplē timē) etwas technischer gefaßt; denn wie sollte eine bloße Ehrbezeugung verdoppelt werden? Die in späteren Kirchenordnungen vorliegende Wortbedeutung »Besoldung« geht aber wohl über das an unserer Stelle

Gemeinte hinaus; bloße Vermutung ist, die guten Presbyter würden doppelt so hoch wie die Witwen besoldet. Der Finanzkraft frühchristlicher Gemeinden wird damit erheblich zuviel zugetraut. Hilfreich ist der Hinweis auf das antike Vereinswesen; dort ist in Vereinsstatuten öfters belegt, daß die Inhaber der höheren Vereinsämter bei Festmählern die doppelte Portion erhalten sollten. In der Gemeinde von Karthago erhielten Bischof und Presbyter noch zu Beginn des 3. Jahrhunderts bei den Agapemählern die doppelte Portion, wie wir aus Tertullians Schrift über das Fasten (17,4) erfahren.

Die Anweisung zur materiellen Vergütung der herausragenden Presbyter wird 18 mit einem Schriftbeweis untermauert. Bereits Paulus hatte die ursprünglich tierfreundliche Weisung 5. Mose 25,4 allegorisch auf das Recht der Apostel ausgelegt, von den Gemeinden unterstützt zu werden (1. Kor 9,9), er hatte auch die Weisung des Herrn zitiert, wer das Evangelium verkündige, solle von dieser Tätigkeit leben (1. Kor 9,14). An unserer Stelle wird das Jesuswort genau nach Lk 10,7 zitiert, so daß wir entweder auf Kenntnis des Lukasevangeliums oder der von Lukas verarbeiteten Spruchquelle schließen müssen. Noch auffälliger ist, daß das Jesuswort neben der alttestamentlichen Schrift zitiert wird, d.h. daß ihm dieselbe Dignität wie dem alttestamentlichen Gotteswort zuerkannt wird. Wir sehen hier die Anfänge der Ausbildung eines Kanons auch von neutestamentlichen »Heiligen Schriften«.

Nach den guten Presbytern wendet sich der Verfasser den unter irgend einer 19 Anschuldigung Stehenden zu. Man erinnert sich an die Feststellung des mit unserem Brief etwa gleichzeitigen 1. Klemensbriefes: »Wegen Eifersucht und Neid wurden die gerechtesten und größten Säulen verfolgt und kämpften bis zum Tode« (1. Kl 5,2). Um solch unlautere Anklagen auszuschließen, fordert der Verfasser in Aufnahme einer alttestamentlichen Vorschrift (5. Mose 19,15), daß zwei oder drei Zeugen beigebracht werden müßten. Ein gewisser Vertrauensvorschuß wird also dem Presbyter zugebilligt.

Gegen begründet beschuldigte Presbyter soll der Gemeindeleiter aber öffentlich 20 vorgehen. Ob das Forum dieser Anklage die ganze Gemeinde oder nur das Presbyterium ist, können wir nicht sicher entscheiden. Auf die übrigen (Presbyter) soll dadurch eine warnende Wirkung ausgehen. Welche Maßnahmen gegen sündige Presbyter ergriffen werden sollen, wird nicht gesagt.

Angesichts der Schwierigkeiten, die sich beim Urteil über einen fehlsamen 21 Presbyter ergeben, beschwört der Verfasser den Gemeindeleiter angesichts des jüngsten Gerichts, bei dem Gott, Christus und die Engel zusammen erscheinen (vgl. Mk 8,38; 13,26 f.), er solle diese Untersuchungen absolut unparteiisch durchführen.

Im Blick auf das immer mögliche und im Fall von Hymenäus und Alexander 22 (1. Tim 1,20) und Philetus (2. Tim 2,17) wahrscheinlich schon erfolgte Versagen von Presbytern rät der Verfasser zur Vorsicht bei der Handauflegung. Damit wird wohl auf einen ordinationsähnlichen Einsetzungsakt zur Übertragung des Presbyteramtes angespielt; auch in Tit 1,5 wird von einer »Einsetzung« der Ältesten durch den Apostelschüler, und d.h. durch den Gemeindeleiter, gesprochen. Durch die Einsetzung fehlsamer Ältester würde sich der Ordinator schuldig machen, weil er es an der nötigen Sorgfalt bei der Auswahl hat fehlen lassen. Von solcher Mitschuld soll er sich reinhalten.

23   Offensichtlich ist es das Stichwort »reinhalten«, das den Verfasser zu einem persönlich formulierten Einschub veranlaßt. Timotheus soll nicht, wie es die Häretiker tun, Reinheit durch schroffe Askese erwerben wollen. Mäßiger Genuß der Schöpfungsgaben ist durchaus erlaubt, zumal er der Stärkung der Gesundheit dienen kann. Nicht durch Nahrungsaufnahme wird die Reinheit verdorben, sondern durch ethisches Versagen (vgl. Tit 1,15 und schon Mk 7,15).

24–25   Eine Warnung, nicht nach dem Augenschein zu urteilen, schließt diesen Unterabschnitt ab. Die Verfehlungen eines Menschen werden, ebenso wie die guten Werke, am Gerichtstag offenbar. Die bildhafte Redeweise vom Vorhergehen bzw. Hinterhergehen der Verfehlungen und der guten Werke ist alttestamentlich vorgeprägt (vgl. Jes 58,8; 4. Esr 7,35; Offb 14,13).

e) Das richtige Verhalten der Sklaven (6,1-2)

1 Diejenigen, welche als Sklaven unter dem Joch sind, sollen ihre Herren aller Ehre werthalten, damit der Name Gottes und die Lehre nicht gelästert werden. 2 Diejenigen aber, welche gläubige Herren haben, sollen diese nicht gering achten, weil sie Glaubensbrüder sind, sondern sollen (ihnen) noch eifriger dienen, weil sie Gläubige und Geliebte sind, die sich des Wohltuns befleißigen. Dies lehre und schärfe ein.

A   Schon die paulinische Mission hatte aus den unteren Schichten großen Zulauf (1. Kor 1,26–31). Während die Gleichheit aller in der Gemeinde von Anfang an betont wurde (Gal 3,26–29), kam die Frage nach sozialer Gleichstellung nicht unmittelbar auf (1. Kor 7,20–24; Phlm). In nachpaulinischer Zeit scheint es öfters zu Spannungen gekommen zu sein; jedenfalls finden wir immer wieder Sklavenparänese (Kol 3,22ff.; Eph 6,5ff.; 1. Petr 2,18ff.; Did 4,10f.; Ign Pol 4,3). Im Rahmen der antiken Gesellschaftsordnung wird eine innere Umgestaltung des Verhältnisses von Herren und Sklaven angestrebt.

B   Anders als Kolosser- und Epheserbrief, Didache und Ignatius sprechen die
1   Pastoralbriefe (auch Tit 2,9f.) nur die christlichen Sklaven auf ihre Pflichten hin an, nicht die Herren. Zwei Fälle werden unterschieden: V. 1 spricht vom Verhalten der christlichen Sklaven gegenüber einem ungläubigen Herrn, V. 2 vom Verhalten gegenüber einem christlichen Herrn.

      Der christliche Sklave soll sein Verhalten einem nichtchristlichen Herren gegenüber so ausrichten, daß der Gott, dem er dient und die Lehre, der er anhängt, nicht geschmäht werden. Die Bewährung in den vorgegebenen Ordnungen ist gefordert, selbst wenn sie ein schweres Joch bedeuten. Der Sklave schuldet seinem Herrn »Ehre« (timē); dieser Begriff hat an unserer Stelle nicht die in V. 17 geforderte Konnotation »Belohnung«, aber im Blick auf die Situation des Sklaven ist auch nicht eine bloße Ehrbezeugung gemeint, sondern Ehrerbietung in Form gehorsamer Dienstleistung.

Heikler noch war wohl das Verhältnis christlicher Sklaven gegenüber ihren 2
christlichen Herren. Von Paulus hatten sie gelernt, sich im Gottesdienst als
»geliebte Brüder« anzusehen (vgl. Phlm 16) — konnte das im Alltag ohne Folgen
bleiben? Während anscheinend manche Sklaven sich nicht mehr zu unbedingter
gehorsamer Dienstleistung verpflichtet fühlten, schärft ihnen der Verfasser eine
noch intensivere Gehorsamspflicht ein, gerade weil sie einem christlichen Herrn
dienen. Der Herr wird als Gläubiger, von Gott Geliebter und der Wohltätigkeit
Beflissener bezeichnet; vielleicht darf man darin wenigstens eine indirekte Mahnung an die christlichen Herren zu einem christlichen Verhalten sehen.

Vernünftigerweise wird man es dem Urchristentum nicht zum Vorwurf
machen, daß es sich nicht für die Abschaffung der Sklaverei eingesetzt hat. Für
eine verschwindend kleine Minderheit ohne politische und wirtschaftliche Ein-
flußmöglichkeiten wäre das reine Utopie gewesen. Dazu ließ es auch die antignostische Kampfsituation geraten erscheinen, dem enthusiastischen Überspringen
der Wirklichkeit zu wehren, wie es Paulus schon in 1. Kor 7,17-24 getan hatte:
Die Ordnungen dieser Welt sind in Christus überholt, deswegen muß der Christ
sich ihre Umgestaltung nicht zum Ziel setzen. Daß sich die Institution der Sklaverei dennoch von innen her umzuwandeln beginnt, zeigt der Brief an Philemon.
In den Pastoralbriefen sieht es freilich so aus, als ob christliche Existenz ausschließlich in den Bahnen bürgerlicher Postulate zu verlaufen habe; damit droht
die Einsicht in die Vorläufigkeit alles Irdischen verlorenzugehen.

11. Warnung vor Häresie und Habgier (6,3-10)

3 Wenn jemand Irrlehren verbreitet und nicht den gesunden Worten unseres
Herrn Jesus Christus und der der Frömmigkeit entsprechenden Lehre bei-
tritt, 2 der ist verblendet und ohne Einsicht; er ist krank an Grübeleien und
Wortstreitereien, und daraus entsteht Neid, Streit, Lästerungen, üble Verdächti-
gungen, 5 Zänkereien von Leuten, deren Verstand zerrüttet ist und die der
Wahrheit beraubt sind, und die die Frömmigkeit für eine Erwerbsquelle halten.
6 Eine große Erwerbsquelle ist die Frömmigkeit dann, wenn sie mit Genügsamkeit verbunden ist; 7 denn nichts haben wir in die Welt mitgebracht, so daß
wir auch nichts hinaustragen können; 8 wenn wir Nahrung und Kleidung
haben, werden wir uns damit begnügen.
9 Die aber reich sein wollen, geraten in Versuchung und Schlingen und in viele
törichte und schädliche Begierden, welche die Menschen in Untergang und Verderben hinabziehen. 10 Die Wurzel aller Übel ist nämlich die Geldgier; einige,
die ihr anhängen, sind vom Glauben abgeirrt und haben sich viele durchdrin-
gende Schmerzen bereitet.

Vers 7: *Ijob 1,21; Pred 5,14; Weish 7,6.*   Vers 8: *Spr 30,8.*   Vers 9: *Spr 23,4; 28,22.*

Der Abschnitt behandelt zwei Themen: Die VV. 3-5 polemisieren gegen die A
Häresie, wobei Formulierungen aus 1,3-7 anklingen; die VV. 6-10a warnen vor
Geldgier, wobei in der Umwelt verbreitete Motive aufgegriffen werden. Durch

V. 10b werden Geldgier und Irrlehre verknüpft und dadurch erhält der Abschnitt formal eine gewisse Einheitlichkeit.

B Die kirchliche Lehre hält sich erstens an die gesunden Worte unseres Herrn
3 Jesus Christus. Sollte das ein Hinweis darauf sein, daß in den angesprochenen Gemeinden eine Evangelienschrift oder eine Sammlung von Jesusworten bekannt war? Schon das Zitat in 5,18 hat ja zu solchen Vermutungen Anlaß gegeben. Die Prädizierung der Jesusworte als »gesund« erinnert nun freilich an die in den Pastoralbriefen öfters apostrophierte »gesunde Lehre« (1. Tim 1,10; 2. Tim 4,3; Tit 1,9; 2,1) und an die »gesunden Worte« (2. Tim 1,13; vgl. Tit 2,8), so daß man auch an unserer Stelle an die christliche Botschaft insgesamt denken kann. Auch Paulus hat seine Missionsverkündigung als »Wort des Herrn« (1. Thess 1,8) bezeichnen können. Zweitens verweist der Verfasser auf »die der Frömmigkeit entsprechende Lehre«; auch dies meint die Gesamtheit der paulinischen Überlieferung.

Wenn die Irrlehrer sich nicht an diese Normen halten, sondern »andere Dinge lehren«, dann können sie nur ungesunden und unfrommen Grundsätzen nachgehen.

4–5 Eben dies wird ihnen im folgenden vorgeworfen, zum Teil mit geprägten Wendungen aus der Popularphilosophie (s. auch zu 1,3–7). Der Vorwurf krankhafter Sucht nach Streitgesprächen läßt auf häufige theologische Auseinandersetzungen schließen; selbst noch die literarische Hinterlassenschaft der Gnostiker zeigt ihre Neigung zu wortreicher Ausbreitung ihrer Spekulationen. Das alles führt nach der Meinung des Verfassers letztlich nur zur Zerstörung des Friedens in der Gemeinde.

Die Vorwürfe gegen die Irrlehrer gipfeln in der Behauptung, sie würden aus der Frömmigkeit ein Geschäft machen (ebenso Tit 1,11; 2. Petr 2,14). Da die Gnosis nach allem, was wir wissen, eher in bessergestellten Kreisen Anklang fand, könnte diese Beschuldigung einen konkreten Hintergrund haben: Gnostische Lehrer ließen sich für ihren Unterricht bezahlen. Ob der Vorwurf in dieser Pauschalität ganz gerechtfertigt ist, wird man fragen dürfen.

6 Mit erstaunlicher Unbefangenheit kann der Verfasser den Vorwurf der Geschäftemacherei ins Positive wenden: Frömmigkeit ist tatsächlich eine große Erwerbsquelle, aber natürlich im Sinn von 4,8, nämlich gewinnbringend für das irdische und ewige *Heil*. Allerdings ist sie irdisch gerade mit Genügsamkeit verbunden. Damit greift der Verfasser wieder ein wichtiges Ideal der Stoa auf: Genügsamkeit (autarkeia) als Unabhängigkeit von äußeren Umständen. Der gefangene Paulus hat sich selbst solche Genügsamkeit bescheinigt, aber ganz unphilosophisch auf die ihm von Christus geschenkte Kraft zurückgeführt (Phil 4,11–13).

7 Unser Verfasser begründet die Forderung so, wie es bereits in alttestamentlich-jüdischer und stoischer Tradition geschah (vgl. Pred 5,14; Ijob 1,21; Weish 7,6; Philo; Seneca), nämlich aus den allgemeinen Grundgegebenheiten menschlichen Existierens. Geburt und Tod zeigen die Unangemessenheit des menschlichen Besitzstrebens an.

8 Die Umschreibung der menschlichen Grundbedürfnisse mit Nahrung und Kleidung ist nicht nur ein stoischer Gemeinplatz, sondern sie findet sich auch in der Jesusüberlieferung (Mt 6,25 par. Lk 12,22).

Die Abwehr des Reichtums wird nicht mit irgendwelchen asketischen Idealen 9
begründet, sondern sehr pragmatisch mit dem Hinweis auf die Gefahren der Geldgier, die immer neue Versuchungen über den Menschen bringt und ihn in allerlei
fragwürdige Machenschaften verstrickt, so daß er letztlich scheitert.

Eine sprichwortartige Maxime beschließt die Warnungen vor Habgier.   10

Der Verfasser verweist auf »einige«, die sich durch Geldgier vom Glauben
haben abbringen lassen, und d.h. doch wohl der Häresie zugewandt haben,
wodurch sie sich schmerzliche Erfahrungen zuzogen. Ob damit auf konkrete
Vorfälle angespielt wird oder nur ein warnendes Beispiel allgemeiner Art gegeben
werden soll, ist nicht sicher zu sagen.

12. Ermahnung an Timotheus (6,11-16)

11 Du aber, Mann Gottes, fliehe dies; jage nach Gerechtigkeit, Frömmigkeit, Glaube, Liebe, Geduld und Sanftmut! 12 Kämpfe den guten Kampf des Glaubens, strecke die Hand aus nach dem ewigen Leben, zu welchem du berufen wurdest und das gute Bekenntnis vor vielen Zeugen abgelegt hast. 13 Ich gebiete dir vor Gott, der das All belebt, und vor Jesus Christus, der zur Zeit des Pontius Pilatus das gute Bekenntnis bezeugt hat, 14 das Gebot ohne Makel und ohne Tadel zu bewahren bis zur Erscheinung unseres Herrn Jesus Christus, 15 die zur rechten Zeit zeigen wird der selige und alleinige Herrscher, der König der Könige und Herr der Herren, 16 der allein Unsterblichkeit besitzt, der in einem unzugänglichen Licht wohnt, den kein Mensch gesehen hat noch sehen kann; ihm sei Ehre und ewige Macht. Amen.

Vers 16: *Ps 104,2; 2. Mose 33,20.*

Der Verfasser lenkt zur Ermahnung an die in Timotheus repräsentierten A
Gemeindeleiter zurück. Ein Tugendkatalog (V. 11) wird mit einer Ermahnung zu
aktivem Glaubenszeugnis (V. 12) fortgesetzt; hier sind Motive der Tauftheologie
aufgenommen. In den Versen 13–15 wird eine feierliche Beauftragung des Timotheus bis zur Wiederkunft Jesu Christi ausgesprochen, sie mündet in einen feierlichen liturgischen Lobpreis des einen Gottes (V. 16) aus.

Manche Ausleger nehmen an, es handle sich bei diesem Abschnitt um die Wie-
dergabe einer vom Verfasser übernommenen Ordinationsansprache. Da der Text
aber eine Reihe von sprachlichen und sachlichen Eigentümlichkeiten des Verfassers zeigt und die vorgetragenen Forderungen nicht grundsätzlich über das hinaus-
gehen, was man von jedem Getauften erwartet, ist diese Hypothese nicht
zwingend.

Mit der Anrede »du aber« leitet der Verfasser wie öfters in unseren Briefen B
(2. Tim 3,10.14; 4,5; Tit 2,1) von der Polemik gegen die Irrlehrer zurück zur Dar- 11
stellung des rechten Verhaltens eines Gemeindeleiters. Die Anrede »Mann Gottes« greift eine im Alten Testament vielfältig gebrauchte Titulatur auf; u.a. werden
Mose (5. Mose 33,1; Ps 90,1), David (2. Chron 8,14), Elia (1. Kön 17,18.24; 2. Kön
1,9ff.) und Elisa (2. Kön 4,9–16) so bezeichnet. Daß Timotheus damit nicht als

Amtsperson bezeichnet werden soll, zeigt 2. Tim 3,17. Daß der Christ und insbesondere der Amtsträger die im vorhergehenden aufgeführten Laster (Geldgier und die daraus folgenden törichten und schädlichen Begierden) vermeiden soll, ist klar. Mit einem sechsgliedrigen Tugendkatalog wird auch noch positiv das erwünschte Verhalten umschrieben. Wie der einleitende Imperativ »jage nach . . .« deutlich macht, ist die nachfolgende Aufzählung natürlich im Sinne der Tugendlehre gemeint. Sind die Forderungen von Gerechtigkeit und Frömmigkeit deutlich auf dem Hintergrund des griechisch-römischen Denkens vorgeprägt, so sind Glaube, Liebe und Geduld (diese drei stehen auch 2. Tim 3,10 und Tit 2,2 nebeneinander) stärker von ihrem urchristlichen Hintergrund her zu verstehen; auch Sanftmut ist eine aus der alttestamentlich-jüdischen Tradition stammende Tugend.

12   Vom Glauben her ist Bereitschaft zum Kampf gefordert, den der Amtsträger in der Nachfolge des Paulus zu führen hat (vgl. schon 1,18 und 2. Tim 4,7). Der Verfasser nimmt damit eine verbreitete Metapher in den Dienst der christlichen Ethik: Die Popularphilosophie (Seneca, Epiktet) vergleicht das Mühen um die Tugend mit einem Wettkampf, das griechischsprechende Judentum (Philo, Test XII) bezeichnet so das Leben des Frommen unter dem Gesetz. Paulus vergleicht seinen Einsatz für das Evangelium mit einem Wettkampf (1. Thess 2,2; 1. Kor 9,24–27; vgl. Kol 1,29). An unserer Stelle dürften beide Bedeutungen mitschwingen: Durch den Zusammenhang mit dem Tugendkatalog des vorhergehenden Verses wird man an das Mühen um die christliche Lebensweise denken, die Anrede an den Gemeindeleiter wird auch seinen Einsatz für das Evangelium in seinen Wettkampf mit einbeziehen.

Die Berufung des Timotheus hat als Ziel das ewige Leben; zu dieser Berufung hat sich Timotheus durch ein feierliches Bekenntnis bekannt. Manche Ausleger nehmen an, daß damit ein bei der Ordination abgelegtes Bekenntnis gemeint und der ganze Abschnitt VV. 11–16 eine vom Verfasser übernommene Ordinationsansprache sei. Doch sind die Aussagen der Verse 11 und 12 eher als Motive der Taufermahnung zu verstehen: Die Berufung zum ewigen Leben, die Bewährung im Glaubenskampf und das Leben entsprechend der Tugendliste sind von jedem Gläubigen gefordert, nicht nur vom Amtsträger. Außerdem ist von einem speziell bei der Ordination abzulegenden Bekenntnisakt in der Alten Kirche nichts bekannt, während die Taufe immer ein Bekenntnis voraussetzte.

13–14   Die feierliche Beschwörung des Timotheus vor Gott und Christus, das »Gebot« zu bewahren, muß von den Vertretern der Ordinationsthese im Sinne eines »Amtsauftrages« verstanden werden. Es liegt aber näher, die Bewahrung ohne Makel und Tadel als Auftrag zu verstehen, bestimmte Satzungen inhaltlich unverändert weiterzutragen (vgl. 6,20).

Die Anrufung Gottes und Jesu Christi ist so feierlich gestaltet und für den Zusammenhang der Ermahnung zu ausführlich formuliert, so daß sich die Annahme nahelegt, der Verfasser zitiere hier eine überlieferte Glaubensformel, die das Bekenntnis zu Gott und Christus — ähnlich wie 2,5 f. — zusammenschließt. Gott wird gut biblisch als der Schöpfer und Erhalter bekannt, damit wird zugleich ein antignostisches Bekenntnis laut. »Christus Jesus« ist ursprünglich als

Messiasbekenntnis gemeint, und im Zusammenhang heißt es, der Messias Jesus habe z.Z. des Pontius Pilatus ein gutes Bekenntnis bezeugt. Man kann das auf die Situation des Verhörs Jesu vor Pilatus (Mk 15,2–5 und Parallelen) beziehen; dann dürfte man aber erwarten, daß es heißt, er habe vor Pontius Pilatus ein Bekenntnis abgelegt. Daher wird man die Nennung des Pontius Pilatus allgemeiner fassen und an das gesamte Zeugnis des irdischen Jesus in Wort und Tat denken. In vergleichbaren Glaubensformeln spricht auch Ignatius von Antiochien etwa von »Geburt, Leiden und Auferstehung, die während der Regierungszeit von Pontius Pilatus erfolgt ist« (Magn 11,1; vgl. Trall 9,1; Smyrn 1,2).

Angesichts der Anfechtung durch die Irrlehre wird der Amtsträger aufgefordert, das Glaubensgut bis zur Erscheinung (Epiphanie) Jesu Christi unverändert zu bewahren. Damit wird die urchristliche Hoffnung auf die Wiederkunft Jesu Christi (Parusie) mit einem der hellenistischen Sakralsprache entlehnten Begriff artikuliert. Als Epiphanie bezeichneten die Griechen das Erscheinen einer Gottheit, vor allem ihr hilfreiches Eingreifen, aber auch das Auftreten des vergöttlichten Herrschers im Kaiserkult. Der Tag der Wiederkunft Jesu Christi wird damit als der Tag des entscheidenden hilfreichen Eingreifens zugunsten der Glaubenden bezeichnet (vgl. Tit 2,13; auf die irdische Erscheinung Jesu Christi bezogen wird der Begriff Epiphanie in 2. Tim 1,10 verwendet).

Diese Erwartung wird dem Eingreifen Gottes anheimgestellt, der zum angemessenen Zeitpunkt (vgl. 2,7; Tit 1,3) diese endgültige Erscheinung Jesu Christi heraufführen wird. Die Frage nach dem Termin der Wiederkunft Christi wird offengelassen; in den unumstrittenen Paulusbriefen wird dagegen stets die nahe Erwartung der Parusie angesagt (1. Thess 4,13–17; 1. Kor 15,50–55; Röm 13,8–11; Phil 4,5). 15

Der Hinweis auf Gott als den im Endgeschehen Handelnden klingt aus in einen feierlich stilisierten Lobpreis der Weltüberlegenheit Gottes. Diese Doxologie knüpft — ähnlich wie 1,17 — an die Sprache und Denkweise der hellenistischen Synagoge an. Als König der Könige wird der Gott der Bibel bezeichnet, um seinen Herrschaftsanspruch gegenüber den Geltungsansprüchen orientalischer Herrscher anzuzeigen (vgl. 5. Mose 10,17; 2. Makk 13,4; 3. Makk 5,35; vgl. Dan 2,37). Gegen die platonische Lehre von der Unsterblichkeit der menschlichen Seele wird Gott allein dieses Prädikat zugesprochen; das ewige Leben, das der Gläubige erhofft, ist also Gottes Gabe und Geschenk. Daß der Mensch Gott nicht schauen kann, ist alttestamentlich vorgeprägt (2. Mose 33,20.23), ebenso Gottes Unzugänglichkeit (Jes 40,12 f.; Spr 30,1 f.; Ijob 9,2 f.). So gewaltig diese Doxologie ist, der christliche Glaube darf und muß noch mehr sagen: Für ihn trägt der unsichtbare Gott die Züge Jesu Christi (vgl. Joh 14,9; Kol 1,15), und durch Jesus Christus hat der Glaubende Zugang zu Gott (Röm 5,1 f.). 16

13. Mahnung an die Reichen (6,17-19)

17 Den Reichen in dieser Welt gebiete, nicht hochmütig zu sein und nicht ihre Hoffnung auf den unsicheren Reichtum zu setzen, sondern auf Gott, der uns alles

reichlich zum Genuß gewährt, 18 (sondern) Gutes zu tun, reich zu sein an guten Werken, freigebig zu sein, zum Teilen bereit, 19 um sich (dadurch) einen Schatz zu sammeln als gutes Fundament für die Zukunft, damit sie das wahre Leben ergreifen.

Vers 17: *Ps 62,10.*

A   Dieser Abschnitt greift thematisch auf VV. 9 f. zurück; die Warnung vor dem Reichtum wird ergänzt durch Weisungen zum positiven Umgang mit Hab und Gut. Die Aufforderung, das wahre Leben zu ergreifen, verbindet unseren Abschnitt mit Vers 12, und der Hinweis auf die Zukunft entspricht sachlich der in Vers 14 angesprochenen Parusieerwartung. Trotz dieser Zusammenhänge ist die Gedankenführung des ganzen Kapitels, wie meist in den Pastoralbriefen, locker.

B   Offensichtlich gibt es in den angesprochenen Gemeinden wohlhabende Chri-
17 sten in größerer Zahl (vgl. auch 2,9), deren Haltung verweltlicht. Sie werden nicht zum Besitzverzicht aufgefordert, wie das in einer ähnlichen Situation der Jakobusbrief tut (Jak 5,1–5), sondern sollen Gott als Geber aller guten Gaben erkennen.

18-19   Darüberhinaus sollen die Reichen Wohltätigkeit üben und so zu einem gewissen Ausgleich der Besitzverhältnisse beitragen. Die Bezeichnung »gute Werke« wird in den Pastoralbriefen ganz unbefangen verwendet (vgl. 1. Tim 5,10.25; Tit 2,7.14; 3,8.14), sie ist ganz unpaulinisch und als »Grundstock für die Zukunft« sicher auch ganz unpaulinisch bewertet; Vergleichbares finden wir aber in der Jesusüberlieferung (Mt 6,20; Lk 12,21; 16,9). Im Gesamtzusammenhang der Briefe wird eine solche der Mahnung und dem Ansporn dienende Aussage vor der Fehlinterpretation geschützt, der Mensch könne und solle sein Heil selber erwerben (vgl. 1. Tim 1,15; 2. Tim 1,9; Tit 3,5).

14. Abschließende Mahnung und Schlußgruß (6,20-21)

20 **Timotheus, hüte das anvertraute Gut, halte dich fern von den gottlosen, leeren Reden und Antithesen der fälschlicherweise so genannten Gnosis, 21 zu der sich einige bekannt haben und dadurch auf Irrwege im Glauben gerieten. Die Gnade sei mit euch.**

A   Noch einmal bringt der Verfasser sein Grundanliegen vor: Das Glaubensgut muß vor jeder häretischen Veränderung geschützt werden. Mit einem kurzen Gnadenwunsch endet der Brief.

B   Die Mahnung, das anvertraute Gut zu hüten (vgl. 2. Tim 1,12.14), faßt die Auf-
20 gabe des in Timotheus angesprochenen Gemeindeleiters prägnant zusammen.
Die Überlieferung der Kirche, die es zu hüten gilt, wird als »anvertrautes Gut« (parathēkē) bezeichnet. Dieser Begriff wird im Neuen Testament nur im 1. und 2. Timotheusbrief verwendet. Er stammt aus dem Rechtsleben und bezeichnet einen Wertgegenstand, der jemandem zu treuen Händen übergeben ist. Wesentlich am Depositalrecht ist die Forderung, daß genau der zur Verwahrung anver-

traute Gegenstand wieder zurückgegeben werden müsse. Schon vorchristlich wird der Begriff auch in übertragenem Sinne für Worte und Lehren verwendet (Herodot; Philo). Damit wird die Unveränderlichkeit der überlieferten Sätze und Formeln zum Grundsatz erhoben. Natürlich gab es schon immer Überlieferungen im Urchristentum. Auch Paulus kennt und zitiert solches geprägte Gut. Aber mit dem Begriff der »Überlieferung« (paradosis) war offenbar immer auch der Aspekt interpretierender Weitergabe verbunden. Mindestens ist mit guten Gründen anzunehmen, daß Paulus verschiedentlich seine Überlieferungen mit Zusätzen versehen hat (deutlichstes Beispiel: Die ausdrücklich als übernommen gekennzeichnete Formel 1. Kor 15,3b–5 hat er in V. 8 um den Hinweis auf seine Christuserscheinung erweitert; auch die Bemerkung in V. 6b, einige der in der Vorlage erwähnten Brüder seien schon entschlafen, ist situationsbezogen von Paulus ergänzt worden).

Eine als »paradosis« bezeichnete Glaubensüberlieferung kann also durchaus durch aktualisierende oder interpretierende Zusätze erweitert werden. Mit der Wahl des Begriffes »parathēkē« sollte dies wohl ausgeschlossen werden. Der Verfasser wollte damit wahrscheinlich die ausufernde Weiter- und Uminterpretation des Glaubensgutes bei den gnostischen Irrlehrern abschneiden, da sie letztlich zur Verfälschung führt. Der Kämpfer gegen die Irrlehre bedarf eines festen Standortes.

Der Vorwurf, die Irrlehrer führten gottlose leere Reden, ist polemisch. Der Hinweis auf die von ihnen vorgetragenen Antithesen zeigt ihren Gegensatz zur Kirchenlehre an. Manche Ausleger meinen, hier werde auf den Titel der Schrift des Ketzers Marcion (zwischen 140 und 150) angespielt; damit würden unsere Briefe in die zweite Hälfte des 2. Jh. gehören, das ist aber nicht begründbar. Daß die gegnerische Bewegung den Anspruch besonderer Erkenntnis (Gnosis) erhebt, ist ein deutlicher Hinweis darauf, daß wir es mit einer Spielart der gnostischen Bewegung zu tun haben (s. die Einleitung). Die Bemerkung, »manche« seien 21 durch diese Bewegung schon vom rechten Weg abgekommen, zeigt noch einmal die Notwendigkeit des Eingreifens.

Der kurze Schlußgruß, wörtlich gleich in 2. Tim 4,22; geringfügig erweitert in Tit 3,15, unterscheidet sich von den Schlußgrüßen der unbestrittenen Paulusbriefe vor allem durch den absoluten Gebrauch des Begriffes »die Gnade«. Bei Paulus wird, unbeschadet aller Differenzierungen in seinen Schlußformulierungen, der Begriff Gnade immer näher bestimmt durch Ergänzungen wie »die Gnade des Herrn Jesus« oder »die Gnade unseres Herrn Jesus Christus«. Absoluter Gebrauch von Gnade findet sich sonst nur in anderen neutestamentlichen Spätschriften (Kol 4,18; Eph 6,24; Hebr 13,25).

Auffällig ist in jedem Fall, daß der Gruß an eine Mehrzahl gerichtet ist. Man kann das als Signal dafür ansehen, daß der Brief in Wirklichkeit nicht an eine Einzelperson, sondern an alle rechtgläubigen Gemeinden gerichtet ist.

Der zweite Brief an Timotheus

1. Zuschrift (1,1-2)

1 Paulus, Apostel Christi Jesu durch den Willen Gottes gemäß der Verheißung des Lebens in Christus Jesus, 2 an Timotheus, sein geliebtes Kind: Gnade, Erbarmen und Friede von Gott, dem Vater, und unserem Herrn Christus Jesus.

1-2   Die Zuschrift des Briefes ist wie die des 1. Tim am paulinischen Briefformular orientiert. Der Absender wird, wie in 2. Kor 1,1 und ganz ähnlich auch in 1. Kor 1,1, als »Apostel durch den Willen Gottes« vorgestellt. In den Pastoralbriefen eigener Begrifflichkeit wird der Apostolat des Paulus mit der Verheißung des Lebens in Verbindung gebracht (vgl. 1. Tim 4,8). Man hat diese Wendung als »Kurzformel für den Inhalt der Verkündigung des Paulus« bezeichnet (N. Brox): In Weg und Werk des Christus Jesus ist die Verheißung des ewigen Lebens eingelöst und wird jetzt in der apostolischen Verkündigung als Heilsgabe angeboten.

    Der Adressat Timotheus wird — wie von Paulus selbst in 1. Kor 4,17 — als »geliebtes Kind« angesprochen. Diese Metapher soll ebenso die Nähe zum Apostel wie auch die Abhängigkeit von ihm ausdrücken. Der stärker die Person des Amtsträgers betreffende Charakter des Briefes wird dadurch präludiert.

    Der dreifache Zuspruch von Gnade, Erbarmen und Friede ist wortgleich mit 1. Tim 1,2.

2. Danksagung (1,3-5)

3 Ich danke Gott, dem ich von meinen Vorfahren her mit reinem Gewissen diene, wenn ich unablässig in meinen Gebeten bei Tag und Nacht deiner gedenke; 4 ich sehne mich danach, dich zu sehen, wenn ich an deine Tränen denke, damit ich mit Freude erfüllt werde; 5 erinnere ich mich doch an deinen ungeheuchelten Glauben, der schon in deiner Großmutter Lois und in deiner Mutter Eunike wohnte und nach meiner Überzeugung auch in dir (wohnt).

A   2. Tim entspricht — anders als 1. Tim und Tit — auch darin dem Formular der unbestrittenen Paulusbriefe, daß auf die Zuschrift eine Danksagung folgt.

    Eine Reihe von Anklängen an die Danksagung des Röm sind auffällig: (1,8) Zuerst danksage ich meinem Gott . . ., daß euer Glaube verkündet wird . . . (9), Denn Gott ist mein Zeuge, dem ich in meinem Geist diene . . ., wie unablässig ich euer gedenke (10) allezeit in meinen Gebeten . . . (11), Denn ich sehne mich danach, euch zu sehen . . .

Man wird annehmen dürfen, daß dem Verfasser Röm 1,9-11 als Vorbild gedient hat, das er mit einigen charakteristischen Modifikationen aufgenommen hat.

Dem Briefstil des Paulus entsprechend wird der Dank an Gott aufgrund des **B** Glaubensstandes des Adressaten ausgesprochen, verbunden mit der Zusicherung **3** des Gebetsgedenkens und dem Wunsch nach persönlicher Begegnung.

Der Bericht über die Danksagung an Gott wird mit der Aussage verknüpft, Paulus stehe in einer langen ungebrochenen Glaubenstradition. Dies steht im Widerspruch zu Paulus' eigener Beurteilung seines Weges vom Judentum zum Christentum: Das Damaskusereignis hat eine Umwertung aller Werte zur Folge (Phil 3,4-10)! Da dieselbe Vorstellung vom Leben in frommen Konventionen in V. 5 auch für Timotheus geltend gemacht wird, ist hier deutlich der Standort des Verfassers zu erkennen, der in der dritten Generation des Urchristentums schreibt. Paulus soll der eigenen Zeit als beispielhaftes Vorbild vor Augen gestellt werden, und diese Zeit hat ihr Christentum großenteils durch Herkunft aus christlicher Familie und fromme Erziehung übernommen.

Ein ähnliches Paulusbild zeichnet übrigens die Apostelgeschichte. Dort kann Paulus sagen, er habe sein Leben mit gutem Gewissen vor Gott geführt (Apg 23,1), er diene dem Gott seiner Väter so, daß er allem glaube, was im Gesetz und in den Propheten steht (Apg 24,14), er verkündige nichts, als das, was die Propheten und Mose vorausgesagt hätten (Apg 26,22). Diese lukanischen Aussagen sollen den heilsgeschichtlichen Zusammenhang zwischen Kirche und Israel herausstellen, der in den Pastoralbriefen nicht hervortritt.

Charakteristisch ist auch die Abwandlung von Röm 1,9 durch den Verf. Sagt Paulus, er diene Gott mit seinem Geist durch die Evangeliumsverkündigung, so ersetzt der Verfasser den Hinweis auf den »Geist« durch das »gute Gewissen«. Die Aussage über die existentielle Ergriffenheit des Paulus von der Evangeliumsverkündigung wird ins Moralische umgebogen, so daß sie nicht mehr den historischen Paulus charakterisiert, sondern vorbildhaft für alle Christen wirkt.

Die Rede vom »guten Gewissen« ist den Pastoralbriefen eigen. Nun hat schon Paulus selbst den im Griechentum entwickelten Gewissensbegriff in die christliche Theologie eingeführt, wenn er ganz im Sinne der zeitgenössischen Popularphilosophie in 1.Kor 8-10 oder in Röm 2,15 vom Gewissen als einer fordernden und kritisch urteilenden Instanz spricht. Wer gegen sein Gewissen handelt, »befleckt« es (1.Kor 8,7); wer das Gewissen seines Bruder verletzt, versündigt sich an Christus (1.Kor 8,11); das Gewissen kann natürlich nicht das Urteil Gottes im Endgericht vorwegnehmen (1.Kor 4,4f.). Wenn die Pastoralbriefe — wie andere neutestamentliche Spätschriften (Apg 23,1; 24,16; 1.Petr 3,16.21; Hebr 13,18) — vom »reinen Gewissen« oder vom »guten Gewissen« sprechen, nehmen sie einen in der Umwelt seltener belegten Sprachgebrauch auf; sie wollen damit ausdrücken, daß der Christ im Glauben (1.Tim 1,5.19; 3,9) bzw. in der Taufe (1.Petr 3,21) ein ganz an Gottes Willen ausgerichtetes Gewissen hat, während die Irrlehrer ein gestörtes Gewissen haben (1.Tim 4,2; Tit 1,15f.).

Die Versicherung der Sehnsucht nach dem Adressaten gehört zum zeitgenössi- **4** schen und auch zum paulinischen Briefstil (Röm 1,11; Phil 1,8); durch die Erinne-

rung an die Tränen des Timotheus wird sie verstärkt. Man soll vielleicht an eine
Abschiedsszene zwischen dem Apostel und seinem Schüler denken (vgl. Apg
20,37; 21,13); aber wirklich konkret wird die Situation nicht.

5   Wie bei Paulus (1. Thess 1,3; Phil 1,5; Röm 1,8; Phlm 5) ist der Glaube des
Adressaten als Grund für die Danksagung des Apostels genannt (vgl. auch Kol 1,4;
2. Thess 1,3). Diesen Glauben verdankt Timotheus nicht seiner Schülerschaft zu
Paulus, sondern der Familienüberlieferung (vgl. auch 3,15), die ähnlich in V. 3 für
Paulus selbst in ihrer Bedeutung herausgestellt wird. Mutter und Großmutter des
Timotheus werden so als »Lehrmeisterinnen im Guten« (Tit 2,3) dargestellt. Die
Namen der beiden Frauen können auf eine Personaltradition zurückgehen; darüber läßt sich nichts ausmachen. Die Apostelgeschichte gibt allerdings ein etwas
anderes Bild: Nach Apg 16,1 war Timotheus Sohn einer jüdischen Mutter und
eines heidnischen Vaters und wurde erst auf Wunsch des Paulus beschnitten. Eine
besonders fromme jüdische Familie kann das nicht gewesen sein. So wird man zu
der Annahme geführt, daß es dem Verfasser nicht so sehr um den »historischen
Timotheus« geht, sondern um ein Beispiel: Er soll — wie Paulus — die Bewährt-
heit des überlieferten Christentums verkörpern.

3. Ermahnung zu mutigem Zeugnis nach dem Vorbild des Paulus (1,6–14)

6 **Daher ermahne ich dich, die Gnadengabe Gottes zu beleben, die in dir ist
durch meine Handauflegung.** 7 **Denn Gott hat uns nicht einen Geist der
Furchtsamkeit, sondern der Kraft, der Liebe und der Zucht verliehen.**
8 **Schäme dich also nicht des Zeugnisses für unseren Herrn und auch nicht meiner, seines Gefangenen, sondern leide mit für das Evangelium gemäß der Kraft
Gottes,** 9 **der uns gerettet und mit heiliger Berufung berufen hat, nicht aufgrund unserer Werke, sondern nach seinem Vorsatz und seiner Gnade, die uns
geschenkt wurde in Christus Jesus vor ewigen Zeiten,** 10 **die aber erst jetzt
offenbar wurde durch die Erscheinung unseres Retters Christus Jesus, der den
Tod zunichte gemacht, und Leben und Unsterblichkeit aufleuchten ließ durch
das Evangelium,** 11 **für das ich als Herold, Apostel und Lehrer eingesetzt worden bin.** 12 **Aus diesem Grund erleide ich auch dies, aber ich schäme mich nicht;
denn ich weiß, wem ich mein Vertrauen schenke, und ich bin überzeugt, daß er
mächtig ist, mein anvertrautes Gut bis zu jenem Tag zu bewahren.** 13 **Als Beispiel gesunder Lehre halte das fest, was du von mir gehört hast in Glaube und
Liebe in Christus Jesus;** 14 **bewahre das kostbare anvertraute Gut durch den heiligen Geist, der in uns wohnt.**

A   Auch darin steht der 2. Timotheusbrief den unbestrittenen Paulusbriefen nahe,
daß auf die briefliche Danksagung eine briefliche Selbstempfehlung des Verfassers
folgt. In diesen mehr oder minder umfangreichen Abschnitten (vgl. 1. Thess
2,1–12; 1. Kor 1,10–4,21; 2. Kor 1,8–2,17; Gal 1,8–10; Phil 1,12–30; Röm 1,13–15;
Phlm 7–9), lenkt Paulus den Blick der Adressaten auf seine eigene Person, auf
seine Beziehungen zu den angeschriebenen Gemeinden und auf sein vorbildliches

Verhalten. Dadurch sollen Autorität und Glaubwürdigkeit des Briefschreibers herausgestellt werden.

Zwei Themen sind es, die in unserem Abschnitt verhandelt werden: Die Ermahnung zur Leidensbereitschaft für das Evangelium nach dem Vorbild des Paulus (VV. 6–11) und die Aufforderung, das Evangelium des Paulus unverändert weiterzugeben (VV. 12–14). Beide Mahnungen werden durch Hinweise auf den heiligen Geist begründet (V. 6 f. und 14), so daß diese Hinweise den Abschnitt gewissermaßen umrahmen. Man spricht in einem solchen Fall von der Stilfigur der Inklusio.

Der Verfasser hat wieder auf paulinische Aussagen zurückgegriffen. Vers 7 erinnert mit charakteristischen Modifikationen an Röm 8,15: »Ihr habt nicht einen knechtischen Geist empfangen wiederum zur Furcht, sondern einen kindlichen Geist, durch den wir rufen ,abba‘, Vater.« Vers 8 erinnert an Röm 1,16: »Denn ich schäme mich nicht des Evangeliums; denn Kraft Gottes ist es zur Rettung«.

Die Verse 9 und 10 sind feierlich stilisiert; sie verwenden geprägte Sprache, die vielleicht der Taufliturgie entnommen ist. Manche Ausleger sprechen sogar von einem Hymnus; aber es läßt sich nicht hinreichend sichern, daß hier ein wörtliches Zitat vorliegt.

Auch fehlt die Formel »Zuverlässig ist das Wort«, die sonst oft auf Zitate hinweist (1. Tim 1,15; 3,1; 4,9; 2. Tim 2,11; Tit 3,8). In VV. 9b–10a klingt ein anderer formelhafter Zusammenhang an, der sich in Kol 1,26f.; Eph 3,5f. 9f.; Röm 16,25f. und 1. Petr 1,20 findet, das sog. Revelationsschema. Alle diese Texte handeln von der in der Gegenwart erfolgenden Offenbarung eines seit ewigen Zeiten verborgenen göttlichen Geheimnisses. Im Hintergrund dieses Predigtschemas steht die jüdische Weisheit, der zufolge der Geschichtsplan Gottes vor der Schöpfung bereits alles Geschehen festgelegt hat (Ijob 8,23ff.; Spr 3,19; 8,22ff.; Weish 7,12.21).

Die Verwurzelung des Timotheus im Glauben ist die allgemeine Voraussetzung für seinen Dienst, aber er besitzt noch eine spezielle Voraussetzung: Ein Charisma, eine Gnadengabe, die ihm durch die Handauflegung des Paulus übermittelt wurde. Daß alle Dienste in der Gemeinde, sei es Wortverkündigung, Gemeindeleitung oder Diakonie, eine Gabe des göttlichen Geistes sind, hat schon Paulus in 1. Kor 12–14 herausgestellt. Damit kritisiert Paulus die Auffassung mancher Christen in Korinth, die das Wirken des Gottesgeistes nur an ekstatischen Phänomenen, besonders an der Rede in Himmelssprachen (Glossolalie), erkennen wollten. Grundlegende Manifestation des Geistes ist das Bekenntnis zu Jesus als dem Herrn (1. Kor 12,2f.). Auch für Paulus gibt es Geistesgaben, die dem einzelnen zugeteilt werden, freilich nicht zu seiner persönlichen Auszeichnung, sondern zum Nutzen der Gemeinde. Auch »Apostel, Propheten und Lehrer« sind Träger eines Charismas (1. Kor 12,28). Wenn die Pastoralbriefe dagegen nur dem in Timotheus repräsentierten Amtsträger ein Charisma zusprechen, so ist das gegenüber Paulus zweifellos eine Verengung. Zum einen dürfte der Verfasser damit der Entwicklung seiner Zeit Rechnung getragen haben: In größer werdenden christlichen Gemeinden konnte und mußte nicht mehr jedes Glied eine bestimmte Funktion übernehmen. Zum anderen dürfte er damit aber auch der

B
6

Gefährdung durch die Irrlehre entgegengetreten sein: Geistgewirkte Amtsvollmacht zur Sorge für die Gemeinde konnte und durfte nur der in paulinischer Tradition stehende Amtsträger haben.

Aus diesem Grunde wird der Akt der Handauflegung ausdrücklich auf den Apostel Paulus selbst zurückgeführt; der aktuelle kirchliche Brauch spiegelt sich natürlich in 1. Tim 4,14, wonach die Handauflegung durch das Presbyterium erfolgt. Zur Vorgeschichte und theologischen Bedeutung der Handauflegung vergleiche den Exkurs »die Ordination in den Pastoralbriefen« (zu 1. Tim 4,14).

7   Die Gabe des Geistes wird psychologisch ausgedeutet als »Prinzip einer ruhigen, überlegenen Seelenstärke, die sich aus Liebe dem Leiden fügt« (F. J. Schierse). Im Hintergrund steht wohl der Satz des Paulus, die Christen hätten nicht den Geist der Knechtschaft, der wiederum zur Furcht treibt (Röm 8,15); diese von dem heilsgeschichtlichen Neuen, das in Jesus Christus erschienen ist, handelnde Aussage wird hier umgemünzt für das Bestehen des Alltags der Welt.

8   Die Stärkung durch den Geist braucht der Gemeindeleiter angesichts der Zeugnissituation, in der er steht. Er könnte aus Feigheit oder Schwäche sich des Evangeliums schämen, d.h. das Evangelium verleugnen. Röm 1,16, aber auch Mk 8,38, Lk 9,26 bilden den begrifflichen und gedanklichen Ausgangspunkt für diesen Satz. Wesentlich für den Ansatz der Pastoralbriefe ist aber, daß das Zeugnis für den Herrn Jesus mit dem Bekenntnis zum gefangenen Apostel verknüpft wird. An dieser Stelle erfolgt der erste Hinweis auf Gefangenschaft und Leiden des Apostels, die als vorbildlich gelten, so daß Timotheus zum Mitleiden mit dem Apostel aufgefordert wird. Solches Leiden um der Evangeliumsverkündigung willen geschieht freilich in der Kraft Gottes, weil der rechte Paulusschüler eine besondere Gnadengabe besitzt.

9-10   Das paulinische Evangelium, für das es trotz Diffamierungen und Diskriminierungen und vielleicht sogar Verfolgungen seitens der heidnischen Umwelt einzustehen gilt, wird in diesen Versen zusammengefaßt. Das Evangelium handelt von Gott, der Heil gestiftet und Menschen zur Teilhabe an diesem Heil berufen hat. Das Heil Gottes ist nicht an »Werke«, d.h. an menschliche Tugenden oder Leistungen, gebunden, sondern entspringt dem gnädigen Heilswillen Gottes. Damit greifen die Pastoralbriefe ein urpaulinisches Anliegen an: Gott rechtfertigt nicht aus Werken des Gesetzes (Gal 2,16; Röm 3,28; 11,6); die etwas andere Begrifflichkeit erklärt sich daraus, daß Paulus streng judenchristliche Gegner abwehren mußte, die die Einhaltung des mosaischen Gesetzes als heilsnotwendig erklärt hatten. Diese Frontstellung gehört jetzt schon der Vergangenheit an. Aber die Abwehr der Vorstellung, der Mensch solle oder könne durch eigenes Tun das Heil erwerben, ist völlig im Sinne des Apostels.

So zeigt sich hier und auch in Tit 3,4–7, daß die Pastoralbriefe an der paulinischen Rechtfertigungslehre festhalten. Daß der juristische Begriff »Rechtfertigen« fallengelassen und stattdessen der griechischen Ohren verständlichere Begriff »Retten« verwendet wurde, ist aus der veränderten Situation zu verstehen. Eine gewisse Akzentverschiebung gegenüber Paulus wird man dennoch feststellen müssen. Für Paulus ist die Rechtfertigung im Tode Jesu der Grund für die Hoffnung auf Rettung im Endgericht (Röm 5,9); für die Pastoralbriefe ist das Heil schon als gegenwärtig gedacht, der Gerichtsgedanke wird nicht mehr betont. Mit Hilfe des sog. »Revelationsschemas« bringt der Verfasser zum Ausdruck, daß der Heilswille Gottes keine Idee, kein Postulat ist, sondern in Weg und Werk Jesu Christi anschaulich geworden ist. Das Revelationsschema, auf dessen Hintergrund in der jüdischen Weisheitslehre bereits hingewiesen wurde, betont sonst die bisherige Verborgenheit der uranfänglichen Weisheit Gottes; damit soll wohl implizit der jüdische Anspruch abgewiesen werden, diese göttliche Weisheit habe sich im Gesetz des Mose niedergeschlagen. Dieses Moment fehlt an unserer Stelle (und auch in 1. Petr 1,20), weil ein unmittelbares Gegenüber zum Judentum nicht mehr gegeben ist. Durch den Rückgriff auf dieses Schema soll betont werden, daß das Christusgeschehen tatsächlich im vorzeitlichen Ratschluß Gottes verankert ist; obschon ein Ereignis der jüngsten Vergangenheit, besitzt es doch höchste Würde. Man muß ja bedenken, daß für den antiken Menschen Neues immer problematisch ist, das Alte dagegen gut. So konnte es ein Argument gegen die Glaubwürdigkeit der christlichen Botschaft sein, daß sie ein Geschehen der jüngsten Vergangenheit als Heilsgeschehen verkündigte; dieses Argument wird dadurch außer Kraft gesetzt, daß man das Christusgeschehen als Realisierung des uranfänglichen Willens Gottes erklärt.

Der schon immer vorhandene Heilswille Gottes offenbart sich im Erscheinen des Retters Christus Jesus. Christi Heilswirken ist also streng auf den Heilsplan Gottes bezogen; aber in dieser Zuordnung kann auch er als Retter bezeichnet werden. Wenn das Heilsereignis hier als »Erscheinung unseres Retters« bezeichnet wird, so verwenden die Pastoralbriefe damit zwei Begriffe, die typisch für die hellenistische Religiosität sind. Der Begriff Erscheinung (Epiphanie) wird sonst meist für die Zukunft verwendet (s. zu 1. Tim 6,14), aber er wird hier — ähnlich wie das Verbum »erscheinen« in Titus 2,11; 3,4 — für Weg und Werk des Menschgewordenen verwendet.

Während Paulus die Entmachtung des Todes erst bei der Wiederkunft Jesu Christi erwartet (1. Kor 15,26), ist das für die Pastoralbriefe bereits gegenwärtige Wirklichkeit; so ist auch die Unvergänglichkeit für Paulus erst nach den Endereignissen gegenwärtig (1. Kor 15,42.50ff.), aber für unseren Verfasser bereits gegenwärtig.

Wie der Zusatz »durch das Evangelium« bekundet, setzt sich die Epiphanie des Christus Jesus in der Verkündigung des Evangeliums fort. »Das empfangene Heil ist durch die Kontinuität des Evangeliums bleibende Gegenwart für das Leben der Gemeinde« (O. Merk).

Wo vom Evangelium die Rede ist, ist in den Pastoralbriefen auch von Paulus 11 die Rede (vgl. auch 1. Tim 1,11; Tit 1,3). Dieselbe Trias von Amtsbezeichnungen findet sich auch in 1. Tim 2,7. Für das paulinische Selbstverständnis ist nur der Aposteltitel charakteristisch (vgl. 1. Thess 2,7; 1. Kor 1,1; 2. Kor 1,1; 11,13; Gal 1,1). Auch der Bezug des Apostelamtes auf das Evangelium ist Paulus wichtig (Röm 1,1; 2,16; 15,15ff.; Gal 1,1ff.; 1. Kor 9). Die Bezeichnung als Herold (kēryx) ist unpaulinisch, sie verweist auf die dem Paulus anvertraute Botschaft (Kerygma; vgl. 2. Tim 4,17; Tit 1,3). Auch als Lehrer hat sich der authentische Paulus nie bezeichnet; gerade am Lehrhaften aber ist den Pastoralbriefen viel gelegen.

12   Infolge seines Verkündigungsauftrages erfährt Paulus Leiden; aber er steht dennoch zu seinem Dienst, wie es auch der in seiner Nachfolge stehende kirchliche Amtsträger tun soll. Hier wird — wie schon in 1. Tim 6,20 — das Evangelium als ein dem Paulus anvertrautes Gut (parathēkē) bezeichnet: Paulus hat das Evangelium von Gott empfangen und unversehrt weitergegeben; Gott selbst wird darüber wachen, daß es bis zum Tag der endgültigen Epiphanie des Christus Jesus unversehrt bleibt.

13   Die paulinische Evangeliumsverkündigung ist die vorbildliche und normative Darstellung aller kirchlichen Lehre (vgl. 1. Tim 4,13; 2. Tim 3,10). Neben dem Festhalten an der Predigt des Paulus soll der Amtsträger auch noch Glaube und Liebe üben, wie etwas formelhaft hinzugefügt wird.

14   Die indikativische Aussage des Verses 12, Gott werde das dem Paulus anvertraute Gut bis zum Jüngsten Tag bewahren, wird hier in einen Imperativ an den in Timotheus repräsentierten Amtsträger umgeformt. Angesichts der Bedrohung durch die Irrlehre muß die rechte, d.h. authentisch paulinische, Überlieferung unversehrt bewahrt werden. Bei dieser Aufgabe ist der Amtsträger nicht auf sich allein gestellt, sondern darf der Hilfe des göttlichen Geistes sicher sein.

4. Abfall und Treue einzelner Mitarbeiter des Paulus (1,15-18)

15 **Das weißt du, daß sich alle in Kleinasien von mir abgewandt haben, unter ihnen Phygelos und Hermogenes.** 16 **Der Herr möge dem Haus des Onesiphoros Erbarmen schenken, weil er mich oftmals erquickt und sich meiner Ketten nicht geschämt hat,** 17 **vielmehr als er nach Rom gekommen war, suchte er mich eifrig und fand mich.** 18 **Möge ihm der Herr gewähren, Erbarmen zu finden beim Herrn an jenem Tag. Und wieviel er in Ephesus an Diensten leistete, weißt du selbst recht gut.**

A   Die Aufforderung zur Treue gegenüber dem paulinischen Evangelium wird mit negativen und positiven Exempeln belegt. Man hat diese so persönlich klingenden Reminiszenzen oft als Argument für die Echtheit der Pastoralbriefe angeführt; aber dagegen ist mit Recht geltend gemacht worden, daß fingierte Personalnotizen zum Stil antiker Pseudepigraphie gehören. So sollte man die Echtheitsfrage nicht an derart unterschiedlich deutbare Indizien hängen. Die drei Namen finden sich weder in den übrigen Briefen des Paulus noch in der Apostelgeschichte. In den apokryphen Akten des Paulus und der Thekla, die aus dem ausgehenden 2. Jh. n. Chr. stammen, wird ein Kupferschmied namens Hermogenes als heuchlerischer Freund des Paulus erwähnt, während ein Onesiphoros als treuer Anhänger des Paulus in Ikonium geschildert wird. Aber das alles sind romanhafte Ausschmückungen. Wahrscheinlich spiegeln sich in diesen Namen Erinnerungen an bewährte bzw. abgefallene kleinasiatische Christen wider. Der Verfasser erwähnt sie in paränetischer Absicht: Man kann Paulus verlassen, wie es die vielen tun, man kann ihn aber auch suchen, finden und damit Erbarmen vom Herrn am Tag des Gerichts erwarten.

Bereits hier wird deutlich, daß es sich um eine fingierte Notiz handelt. Timo- B
theus, der als Leiter der ephesinischen Gemeinde vorzustellen ist, kennt die Vor- 15
gänge in Kleinasien natürlich besser als der in Rom gefangene Apostel. Überdies
ist ein totaler Abfall dieser Gemeinden zu Lebzeiten des Paulus kaum wahrscheinlich zu machen. In Apostelgeschichte 19-20 wird jedenfalls ein anderes Bild
gezeichnet. Selbst die Grüße am Ende unseres Briefes (4,19.21) lassen das Bild des
totalen Abfalls von Paulus als stilisiert erscheinen. So soll hier wohl nur die Situation des gefangenen Apostels anschaulich dargestellt und die Notwendigkeit der
Ermahnung zum Bekennen (V. 6-8) belegt weren. Es ist denkbar, daß die namentlich angeführten Männer Hermogenes und Phygelos aus der Umgebung des Briefverfassers stammen, aber zur Irrlehre übergegangen waren.

Angesichts der Untreue vieler ist die Treue des einen Onesiphorus umso leuch- 16
tender. Der Segenswunsch gilt dem Haus des Onesiphorus, d.h. seiner Familie.
Daraus schließen die meisten Kommentatoren zu Recht, daß man sich Onesiphorus selbst als bereits verstorben vorstellen soll.

Onesiphorus hat sich zu dem in Rom gefangenen Apostel unter großen Schwie- 17
rigkeiten bekannt und ihm geholfen. Auch diese Bemerkung paßt nicht unbedingt zu dem in Apostelgeschichte 28 gezeichneten Bild, wonach Paulus nur in
leichter Haft war und öffentlich lehren konnte.

Der Gebetswunsch für Onesiphorus, er möge bei der Wiederkunft Gnade fin- 18
den, belegt die biblische Möglichkeit des Gebetes für Verstorbene. Das zwei-
malige »der Herr« ist am besten so aufzulösen: Der Herr Jesus Christus möge ihm
gewähren, Barmherzigkeit vor Gott dem Herrn am jüngsten Tag zu finden (vgl.
1. Tim 6,14f.).

5. Ermahnung zur Leidensnachfolge (2,1-13)

1 **Du nun, mein Kind, werde stark in der Gnade in Christus Jesus,** 2 **und was
du von mir durch viele Zeugen gehört hast, das vertraue zuverlässigen Menschen
an, die fähig sind, wieder andere zu lehren.**
3 **Leide mit als tapferer Soldat Christi Jesu.** 4 **Keiner, der Kriegsdienst leistet,
läßt sich in Geschäfte des täglichen Lebens verwickeln, damit er dem, der ihn
angeworben hat, gefällt.** 5 **Auch einer, der am Wettkampf teilnimmt, erhält den
Kranz nicht, wenn er nicht nach der Kampfregel gekämpft hat.** 6 **Der Bauer,
der sich abmüht, soll als erster Anspruch auf die Früchte haben.**
7 **Überlege dir, was ich meine; denn der Herr wird dir Einsicht in allem geben.**
8 **Denke an Jesus Christus, auferweckt von den Toten, aus dem Geschlecht
Davids, gemäß meinem Evangelium,**
9 **um dessentwillen ich Böses erleide bis hin zu Ketten wie ein Verbrecher; aber
das Wort Gottes ist nicht gefesselt.**
10 **Deshalb ertrage ich alles um der Auserwählten willen, damit auch sie das
Heil in Christus Jesus erlangen mit ewiger Herrlichkeit.**
11 **Zuverlässig ist das Wort:**
Sind wir nämlich mitgestorben,
werden wir auch mitleben;

12 **wenn wir ausharren,**
werden wir mitherrschen;
wenn wir verleugnen,
wird auch jener uns verleugnen;
13 **wenn wir untreu werden,**
bleibt jener treu;
denn er kann sich selbst nicht verleugnen.

Vers 7: *vgl. Spr 2,6.*

A   Mit einer geläufigen Übergangswendung kehrt der Verfasser zu dem bereits in 1,8 angeschlagenen Thema zurück. Aber er verrät gleich in V. 2, daß nicht der historische Timotheus, sondern die in der paulinischen Tradition stehenden Amtsträger insgesamt gemeint sind. In den Versen 3–6 dürfte der Verfasser auf sprichwörtliche oder sprichwortartige Wendungen zurückgreifen. Jedenfalls bedient sich Paulus in 1. Kor 9,7.24f. ähnlicher Bilder.

Am Ende des Abschnitts weist die Einleitung »zuverlässig ist das Wort« darauf hin, daß der Verfasser ein Traditionsstück zitiert. Der parallele Bau der Glieder läßt die Rekonstruktion von zwei Strophen zu (11bc, 12ab; 12cd, 13ab).

B   Angesichts der kritischen Situation, die im vorhergehenden angedeutet wurde,
1   wird dem Apostelschüler Stärke gewünscht, wie sie zuerst die göttliche Gnade gewährt. Daß damit der persönliche Einsatz nicht überflüssig wird, werden die VV. 4–6 zeigen.

2   Der Standort des Verfassers in der dritten christlichen Generation wird hier besonders deutlich. Timotheus soll nämlich seinerseits wieder Nachfolger einsetzen, die die paulinische Überlieferung weitertragen. Hier muß ein Übersetzungsproblem erörtert werden.

Wir haben übersetzt, Timotheus solle das weitergeben, was er von Paulus durch viele Zeugen gehört habe. Damit zeigt sich, daß der Verfasser bereits auf eine längere Paulustradition zurückblickt. Meist aber wird diese Stelle folgendermaßen übersetzt: »Was du von mir in Gegenwart vieler Zeugen gehört hast, das vertraue zuverlässigen Menschen an.« Diese Übersetzung ist philologisch nicht unmöglich, setzt aber eine äußerst seltene Bedeutung der griechischen Präposition »dia« voraus. Sie wird wohl deswegen gerne gewählt, weil sie den Abstand zwischen Paulus und dem Empfänger des Briefes nicht zu sehr hervortreten läßt. Kommentatoren, die die paulinische Herkunft der Pastoralbriefe verteidigen, müssen diese Spezialbedeutung der Präposition »dia« auswählen. Allerdings entsteht dann die Frage, an welche Situation denn konkret zu denken sei. Hat der Apostelschüler die weiterzugebende paulinische Lehre bei der Taufe empfangen oder bei der Ordination oder gar bei seiner Amtseinsetzung in Ephesus? Unabhängig von dieser Spezialfrage enthält der Vers »deutlich die Vorstellung kontinuierlicher Lehrtradition über die einander ablösenden Lehrer hin« (N. Brox). Die Sorge um die unveränderte Weitergabe des Glaubensgutes ist natürlich im Blick auf die um sich greifende Irrlehre zu verstehen. Der im ausgehenden 2. Jh. formulierte Grundsatz der apostolischen Sukzession ist hier in nuce schon vorhanden. Freilich gibt es für die Pastoralbriefe keine apostolische Sukzession, sondern nur eine paulinische Sukzession. Dabei hat das Amt natürlich keinen sakramentalen Charakter, sondern ist als Schutz für das Evangelium gedacht. Die Tatsache, daß der Verfasser des Briefes seinen Blick an dieser Stelle schon auf die Nachfolge des Timotheus richtet, läßt erkennen, daß die nachfolgende Paränese für alle in der paulinischen Tradition stehenden Amtsträger gedacht ist.

Nicht nur die Lehre des Paulus, sondern auch seine Bereitschaft, für das Evan- 3 gelium zu leiden, sind Kennzeichen eines wahren Verkündigers. Wie schon Philosophen (Platon, Epiktet, Seneca) das Leben mit dem Kriegsdienst verglichen haben, und auch die jüdische Gemeinde von Qumran in der sog. Kriegsrolle den Kampf der Söhne des Lichtes gegen die Söhne der Finsternis beschrieben hat, so hat auch schon der Apostel Paulus eine Anzahl von Metaphern aus dem Militärleben übernommen (vgl. 1. Thess 5,8; 2. Kor 6,7; Röm 6,13 f. 23; 13,12) und ebenso der in seiner Tradition stehende Epheserbrief (6,10–18). Insbesondere hat Paulus seine Mitarbeiter als »Mitsoldaten« angeredet (Phil 2,25; Phlm 2); wer mit ihm in Gefangenschaft gesessen hat, ist ein »Kriegsgefangener« gewesen (Röm 16,7; Phlm 23); er kann seine Tätigkeit geradezu mit der eines Feldherrn vergleichen (2. Kor 10,3–6). Neu gegenüber Paulus ist an unserer Stelle nicht nur die Begriffsbildung »Soldat Christi Jesu«, die eine reiche Nachgeschichte gehabt hat, sondern auch die Tatsache, daß nur der Gemeindeleiter mit diesem Ehrentitel versehen wird.

Es folgen drei lose aneinandergereihte Beispiele aus dem Leben des Soldaten, 4–6 des Ringkämpfers und des Bauern. Das Vorbild ist sicher 1. Kor 9,7: »Wer tut jemals Kriegsdienst um eigenen Sold? Wer pflanzt einen Weinberg und ißt nicht von seiner Frucht?« Und 1. Kor 9,24 »Wißt ihr nicht, daß die Läufer in der Rennbahn zwar alle laufen, daß aber nur einer den Siegespreis empfängt? Lauft so, daß ihr ihn gewinnt! Jeder Wettkämpfer aber legt sich völlige Entsagung auf, jene nun, daß sie einen vergänglichen Kranz empfangen, wir aber einen unvergänglichen.« Mit den erstgenannten Beispielen will Paulus das Recht des Apostels auf Unterstützung durch die Gemeinde herausstellen. Es gibt Ausleger, die diese Absicht auch unseren Briefen unterstellen (z.B. A. T. Hanson). Aber das dritte Beispiel vom Ringkämpfer weist in eine andere Richtung. Der Vergleichspunkt dürfte darin liegen, daß es zur Erreichung des Zieles des ganzen Einsatzes eines Menschen bedarf.

Der Verfasser scheint selbst gespürt zu haben, daß der Sinn der angeführten Bei- 7 spiele nicht ganz deutlich ist. Daher fordert er die Angeredeten auf, den Sinn selbst zu ergründen. Die gottgegebene Einsicht in den Sinn der Bildworte kann doch wohl nicht darin bestehen, daß der kirchliche Amtsträger sich von der Gemeinde bezahlen lassen soll; es geht darum, daß er sich voll und ganz und ohne Scheu vor irgendwelchen Konsequenzen für das Evangelium einsetzt.

Der Gedanke, daß das vorbildliche Leiden des Paulus um des Evangeliums wil- 8 len erfolgt, führt den Verfasser dazu, dieses paulinische Evangelium durch eine kurze christologische Formel in Erinnerung zu bringen. Inhalt des Evangeliums ist Jesus Christus, der von den Toten Auferweckte, der in seiner irdischen Existenz ein Nachkomme Davids gewesen war. Hier muß man eine Anspielung auf das Präskript des Römerbriefes sehen, in welchem Paulus das Bekenntnis zum

Herrn Jesus Christus formuliert, der dem Fleisch nach geboren ist als Nachkomme Davids, der dem Geist der Heiligkeit nach eingesetzt ist als Sohn Gottes in Macht seit der Auferstehung von den Toten. Nach gut begründeter Auffassung hat Paulus diese christologische Formulierung aus judenchristlicher Überlieferung übernommen und nur geringfügig erweitert. Wesentlich ist, daß sie eine zweistufige Christologie beinhaltet: Der irdische Jesus ist zwar durch seine Herkunft aus dem Geschlecht Davids als Messias ausgewiesen; er ist Träger eines göttlichen Auftrages, nicht aber göttlichen Wesens. Erst die Auferstehung bringt ihm göttliche Würde. Es hängt sicher mit der unter den Lesern der Pastoralbriefe bekannten Christologie zusammen, daß der Verfasser an unserer Stelle ausgerechnet auf eine von Paulus übernommene judenchristliche Überlieferung anspielt. Zudem eignete sich diese altertümliche Christologie besonders gut zur Bekämpfung der gnostischen Häresie. Für die Gnostiker gab es ja keine echte Menschwerdung, die Messianität spielte überhaupt keine Rolle, und das Himmelswesen, das als Christus in die Welt gekommen war, konnte natürlich auch nicht von den Toten auferweckt werden. Indem der Verfasser diese altertümliche judenchristliche Christologie (vgl. auch Apg 2,22–24.31–36; 10,37–40) als das dem Paulus eigentümliche Evangelium reklamiert, zeigt er seinen von der Gnosis bedrohten Gemeinden, daß dort in der Tat ein »anderes Evangelium« herrscht.

Wenn manche Ausleger meinen, der Verfasser wolle mit dem Hinweis auf die Auferweckung andeuten, daß ja auch Jesus erst nach dem Leiden und dem Kreuzestod erhöht wurde, so tragen sie einen Gedanken ein, den der Verfasser wohl bewußt nicht ausgesprochen hat. Für ihn ist die Passion Jesu an keiner Stelle ein Vorbild für Mühsale und Leiden des Gemeindeleiters.

9   Daher lenkt der Verfasser wie schon in 1,8.12; 2,3 den Blick sofort wieder auf den leidenden Paulus. Damit knüpft er an Selbstaussagen des Apostels Paulus an, der sich als »Gefangener Christi Jesu« bezeichnet (Phlm 1.9) und sich seiner Fesseln gerühmt hatte (Phlm 10.13; Phil 1,7.13–17). Mit diesem Schicksal, wie ein Verbrecher gefesselt im Kerker liegen zu müssen, konnte in der Tat jeder christliche Gemeindeleiter rechnen. So haben auch andere mit den Pastoralbriefen etwa gleichzeitige neutestamentliche Spätschriften Paulus als den exemplarisch Gefangenen um Christi willen gezeichnet (Kol 4,3; Eph 3,1; 4,1; Apg 23,18; 25,14.27). Paulus ist das leuchtende Vorbild für alle Gemeindeleiter, daß Leiden um des Evangeliums willen kein Grund zur Resignation sein darf. Von ferne hört man das Wort Tertullians, das Blut der Märtyrer sei der Same, aus dem die Kirche erwächst (Apol. 50,13).

10   Hilft das Leidensschicksal des Apostels dazu, die Botschaft weiterzutragen, dann kommt dieses Leiden letztlich auch den Menschen zugute, die dadurch zu Jesus Christus geführt werden (vgl. Phil 1,12f.). Die gelegentlich gegebene weitergehende Erklärung, Paulus werde hier ein stellvertretendes Leiden zugesprochen (vgl. Kol 1,24), ist vom Gedankengang her nicht anzuraten. Es geht den Pastoralbriefen ja nicht um die exzeptionelle Stellung des Paulus, sondern um seine Vorbildlichkeit für die Gemeindeleiter späterer Zeit. Auch deren Leiden soll missionarische Früchte zeitigen.

Mit einem hymnisch geformten Stück, das man als »Bekennerlied« (F. J. 11–13 Schierse) bezeichnet hat, schließt der Verfasser seine Ermahnung zur Leidensbereitschaft ab. Das erste Verspaar spielt deutlich auf Röm 6,8 an. Die Taufe, die als Mitsterben mit Christus gedeutet wird, sichert endzeitlich das Leben. Dadurch, daß dieser Text aber nun in den Zusammenhang des 2. Timotheusbriefes eingebaut wurde, verschiebt sich die Aussage. Im Kontext der Ermahnungen zum Leiden dürfte der Verfasser daran denken, daß der Märtyrertod das ewige Leben garantiert. Aber auch der Gemeindeleiter, der in Nachfolge des Paulus in den Mühsalen und Anfechtungen des Dienstes am Evangelium standhaft bleibt, wird an der Herrschaft des Auferstandenen teilhaben. Der Gedanke einer endzeitlichen Herrschaft der Gläubigen klingt zwar bei Paulus selbst schon an (Röm 5,17), ist aber stärker noch in judenchristlicher Überlieferung verankert (Mt 19,28; Offb 3,21; 5,9f.; 20,4.6; 22,5). Daß Christus den verleugnen wird, der ihn verleugnet, nimmt ein Wort aus der synoptischen Spruchüberlieferung auf (Mt 10,33 parallel Lk 12,9). Die abschließenden Verszeilen passen eigentlich nicht zum paränetischen Tenor des Abschnitts; sie sind somit ein unwiderleglicher Hinweis darauf, daß der Verfasser einen vorgegebenen Text zitiert. Daß die Untreue des Menschen Gottes Treue nicht aufheben kann, ist ein urpaulinischer Gedanke (Röm 3,3ff.). Auch wenn es menschliche Logik zerbricht, bleibt der Primat der Gnade gewahrt. Nicht eigene Werke sind es, sondern Gottes ewiger Vorsatz, der den Menschen zum Heil führt.

6. Kirche und Irrlehre (2,14–26)

14 Dies bringe in Erinnerung, indem du bei Gott beschwörst, keine Wortgefechte auszutragen; das ist zu nichts nütze, das führt zum Verderben der Zuhörer. **15** Sei eifrig bestrebt, dich vor Gott als bewährt zu erweisen, als Arbeiter, der sich nicht schämt, der das Wort der Wahrheit geradeheraus verkündigt. **16** Unfrommes leeres Gerede vermeide! Denn zu immer mehr Gottlosigkeit schreiten sie fort, **17** und ihre Lehre wird wie ein Krebsgeschwür um sich greifen. Zu ihnen gehören Hymenäus und Philetus, **18** die von der Wahrheit abgeirrt sind, indem sie behaupten, die Auferstehung sei schon geschehen, und den Glauben einiger zerstören.

19 Das feste Fundament Gottes freilich hat Bestand, hat es doch dieses Siegel: »Es kennt der Herr die Seinen«, und »es halte sich von Ungerechtigkeit fern jeder, der den Namen des Herrn nennt«.

20 In einem großen Haus gibt es aber nicht nur goldene und silberne Gefäße, sondern auch hölzerne und tönerne, und die einen zur Ehre, die anderen zur Unehre. **21** Wenn nun jemand sich von diesen (Menschen) reinigt, wird er ein Gefäß zur Ehre sein, geheiligt, brauchbar für den Hausherrn, zu jedem guten Werk bereitet.

22 Fliehe die jugendlichen Begierden, trachte vielmehr nach Gerechtigkeit, Glaube, Liebe und Friede mit allen denen, die den Herrn aus reinem Herzen anrufen. **23** Die törichten und unverständigen Diskussionen aber weise ab; du weißt ja, daß sie Streit erzeugen. **24** Ein Knecht des Herrn soll aber nicht streiten, sondern soll freundlich gegen alle Menschen sein, geschickt zu lehren, nachsichtig; 25 er soll mit Sanftmut die Widerstrebenden erziehen, damit Gott ihnen vielleicht Umkehr schenke zur Erkenntnis der Wahrheit 26 und sie wieder zur Besinnung kommen aus der Schlinge des Teufels heraus, da sie von ihm gefangen gehalten sind, um sich seinem Willen zu fügen.

Vers 19: *4. Mose 16,5; Jes 26,13.*

A Das zweite drängende Problem der von den Pastoralbriefen angesprochenen Gemeinden tritt jetzt explizit in den Blick: Das Auftreten von Irrlehrern. Der Abschnitt beginnt mit Verhaltensmaßregeln gegenüber den Irrlehrern (V. 14–18), bringt eine grundsätzliche Besinnung über das Problem, warum denn überhaupt Irrlehrer in der Kirche auftreten (V. 19–21), und mündet in konkrete Verhaltensanweisungen gegen die Irrlehrer aus (V. 22–26).

Während die paränetischen Anweisungen an den Gemeindeleiter die Sprach- und Gedankenwelt des Verfassers erkennen lassen, greift der grundsätzliche Abschnitt auf vorgegebenes Gut zurück. In Vers 19 kennzeichnet der Verfasser die beiden Inschriften am Fundament Gottes selbst als Zitate. Der erste Satz stammt aus 4. Mose 16,5, wobei in der Septuaginta »Gott« statt »der Herr« steht. Der zweite Satz spielt auf mehrere alttestamentliche bzw. nachalttestamentliche Schriften an (Jes 52,11; 4. Mose 16,26; Iiob 36,10; Sir 17,26; Jes 26,13; 3. Mose 24,16). Mindestens im zweiten Fall handelt es sich also nicht um ein Zitat aus der Bibel, sondern um eine Kombination biblischer Ausdrücke, wie sie für die Kirchensprache charakteristisch ist. Daher kann man vermuten, daß der Verfasser in beiden Fällen nicht das Alte Testament, sondern eher kirchliche Merksätze zitiert, vielleicht aus der Taufüberlieferung.

Das in Vers 20 gebrauchte Bild von den verschiedenen Gefäßen im Hause Gottes erinnert an Röm 9,20f. Dort hat Paulus in Anknüpfung an alttestamentliche Stellen (Jes 29,16 LXX; Jer 18,6; Weish 15,7) Gottes Recht zu erwählen oder zu verwerfen, mit dem selbstverständlichen Recht des Töpfers verglichen, aus seinem Material »Gefäße zur Ehre« oder »Gefäße zur Unehre« herzustellen. Auch hier hat der Verfasser nicht unmittelbar an die alttestamentlichen Vorgaben, sondern an den Römerbrief angeknüpft.

Schließlich könnte hinter Vers 17 noch eine ältere Personalüberlieferung stehen, die vom Abfall zweier früherer Lehrer des paulinischen Traditionsbereiches zur Irrlehre wußte, und die Kernthese dieser Irrlehrer, die in Vers 18 zitiert wird, könnte ebenfalls Überlieferung sein.

B An die im vorhergehenden entfaltete Forderung des ungeteilten Einsatzes für
14 das Evangelium bis hin zum Martyrium und das diesem in Aussicht gestellte treue Verhalten des Herrn, soll der Amtsträger immerfort »erinnern«. Es ist dies in unserem Brief bereits das sechste Vorkommen eines Verbums dieser Wortgruppe (vgl. 1,3.4.5.6; 2,8). So wird der konservative Charakter der Theologie unserer Briefe auch an diesem pastoralen Ratschlag deutlich. Folgerichtig rät der Verfasser in der eindringlichsten Weise davon ab, Wortgefechte auszutragen. Ähnlich warnt 1. Tim 6,4 vor der krankhaften Sucht nach Wortgefechten. Theologengezänk hat keinen praktischen Nutzen. Ganz im Gegenteil, der Verfasser hat es oft

genug miterlebt, daß der Glaube durch solche Streitereien gefährdet wurde. Ähnlich heißt es in 1. Tim 1,19, der Glaube der Irrlehrer habe Schiffbruch erlitten.

Die hier gegebene Anweisung zum Verzicht auf argumentative Auseinandersetzung mit den Irrlehrern steht im Widerspruch zur Praxis des Apostels Paulus. Er hat in seinen Kampfbriefen (Gal; 2 Kor; Phil 3) neben starker Polemik auch eine Vielzahl von sachlichen Argumenten gegen die Auffassungen seiner Gegner vorgebracht. Freilich kann auch Paulus schon überlieferte urchristliche Bekenntnisformeln als Grundlage seiner Argumentation nehmen (vor allem 1. Kor 15). Wenn sich die Pastoralbriefe dagegen mit dem Rückverweis auf die einmal formulierte Glaubenswahrheit begnügen, so wird man dies als eine Verarmung empfinden dürfen. Andererseits wird man dies aus der konkreten Situation der Pastoralbriefe heraus bis zu einem gewissen Grad verstehen können. Wenn es sich nämlich — wie in der Einleitung wahrscheinlich gemacht wurde — bei den Gegnern um Gnostiker gehandelt hat, handelte es sich um Irrlehrer, die in ihr zutiefst unchristliches System christliche Versatzstücke mit großer Geschicktheit eingebaut haben; bei Paulus hatte es sich immer um große und klare Alternativen gehandelt: Weisheit oder Christus; Gesetz oder Christus. Der weitaus raffinierteren Art, mit der die Gnostiker alte Traditionen ihren Zwecken dienstbar machten, war offensichtlich die kirchliche Seite nicht immer gewachsen.

Statt zu diskutieren, soll der kirchliche Amtsträger vielmehr das Evangelium   15
im Sinne der paulinischen Überlieferung bezeugen. Da das paulinische Evangelium von Gott selbst kommt, ist der Amtsträger in seinem Dienst auch Gott verantwortlich. Als mit dem Verkündigungsdienst betrauter »Arbeiter« (in diesem Sinn wird das Wort auch in 2. Kor 11,13; Phil 3,2 gebraucht) soll er, ohne sich zu schämen, für das Evangelium eintreten. Damit wird auf 1,8.12.16 zurückverwiesen: wie Paulus und Onesiphoros soll jeder Amtsträger das »Wort der Wahrheit« (vgl. Kol 1,5; Eph 1,13) ohne Umschweife verkündigen.

Noch einmal schärft der Verfasser die Notwendigkeit der Distanzierung von   16
der — ähnlich wie in 1. Tim 4,7; 6,20 — äußerst negativ apostrophierten Irrlehre ein. Während die Irrlehrer wahrscheinlich behaupteten, sie würden durch ihr immerwährendes Theologisieren Fortschritte in der Gotteserkenntnis machen, ironisiert der Verfasser diesen Anspruch, indem er behauptet, die Irrlehrer würden ihre Fortschritte in der Gottlosigkeit machen. Der Begriff des Fortschritts ist in der stoischen Ethik zentral. Auf dem Wege zur Weisheit, Tugend und Glückseligkeit muß der Weise in täglicher Anspannung und Selbstprüfung sich mühen. Auf dem Boden der Irrlehre gibt es jedoch nur negative Fortschritte (vgl. auch 2. Tim 3,13), während der wahre Fortschritt nur auf dem Boden des von Gott geschenkten Evangeliums möglich ist (1. Tim 4,15).

Freilich ist nicht daran zu denken, daß der Irrlehre Einhalt geboten werden   17
könnte; vielmehr wird sie wie ein wucherndes Krebsgeschwür noch um sich greifen. Als typische Vertreter der Irrlehre werden Hymenäus und Philetus genannt. Philetus wird auch in 1. Tim 1,20 als Irrlehrer genannt und dort der Kirchenzucht unterworfen. Hymenäus wird in der urchristlichen Literatur sonst nicht erwähnt. Man wird annehmen dürfen, daß beide Männer in den angesprochenen Gemein-

den bekannt waren, aber doch nicht als aktuelle Gegner, sondern als Größen der Vergangenheit. Sie sind die Ahnherren der augenblicklich um sich greifenden Irrlehre.

18   Als Beispiel für die Abweichung von der Wahrheit der Genannten wird ihre Parole zitiert, die Auferstehung sei schon geschehen. Diese Parole könnte von verschiedenen Ansätzen her formuliert worden sein; wie wir in der Einleitung wahrscheinlich zu machen versuchten, spricht hier eine frühe Form der Gnosis. Ihr ist die kirchliche Lehre von der künftigen Auferstehung der Toten unannehmbar, weil sie die Schöpfung und Leiblichkeit verachtet. Damit steht die Gnosis in der platonischen Denkweise, für die der Körper nur der Kerker der von Natur aus unsterblichen Seele war; der Tod befreit die Seele, so daß sie in die Welt der Geister zurückkehren kann. Eines neuschöpferischen Handelns Gottes am Menschen bedarf es daher nicht. So haben die Gnostiker die kirchliche Auferstehungshoffnung umgedeutet. Das bezeugen nicht nur viele Kirchenväter (Iren adv haer I, 23,5; II 31,12); Tert res 19,1ff.; Kl Alexandrinus strom III 48,1; Origenes, c. Cels. III 11; Justin 1. Apol 26,4), sondern auch die koptisch-gnostischen Texte von Nag Hamadi. Im sog. Brief an Rheginus wird ein Apostelwort angeführt: »Wir haben mit ihm gelitten, und wir sind mit ihm auferstanden, und wir sind mit ihm zum Himmel gefahren« (p. 45,25–28). Paulus spricht Röm 8,17 nur davon, wir würden mit Christus mitleiden, um mitverherrlicht zu werden; auch Kol 2,12 und Eph 2,6 reden nicht so vorbehaltlos von der bereits vorhandenen himmlischen Existenz der Christen. Noch deutlicher zeigt eine andere Stelle dieses Briefes die gnostische Spiritualisierung der Auferstehungshoffnung: »Deshalb denke nicht stückweise, o Rheginus, noch lebe gemäß diesem Fleisch, um der Einmütigkeit willen, sondern fliehe vor den Spaltungen und den Fesseln, und schon hast du die Auferstehung. Denn wenn der, der sterben wird, von sich selbst weiß, daß er sterben wird . . ., warum betrachtest du dann nicht dich selbst als auferstanden und als (schon) dahin gebracht?« (p. 49,9–24; Übers. M.L. Peel). Daß diese griechischem Denken entsprechende Umdeutung der kirchlichen Lehre gerne gehört wurde, ist verständlich. Ebenso notwendig ist der Widerspruch. Auch wenn an dieser Stelle keine argumentative Zurückweisung der Irrlehre erfolgt, so ist doch aus den Pastoralbriefen insgesamt eindeutig klar, daß der Glaube ein künftiges Heil mit einschließt (1. Tim 4,8; 6,13–16; 2. Tim 2,11f.; 4,1.8; Tit 2,13; 3,7 u.ö.).

19   Wenn auch die glaubenszerstörende Irrlehre nicht zu verhindern ist, darf dennoch zuversichtlich gehofft werden, daß das von Gott gelegte Fundament Bestand hat. Das Bild vom Fundament Gottes hat sehr unterschiedliche Ausdeutungen erfahren: Man wollte es auf Christus oder die Tradition oder auch die »entschiedenen Christen« deuten. Dem Textzusammenhang und dem theologischen Ansatz der Pastoralbriefe entspricht jedoch am besten die heute auch meist vertretene Deutung auf die Kirche. Weil die Kirche nicht Menschenwerk, sondern Stiftung Gottes ist, können menschlicher Irrtum und menschliche Bosheit sie nicht zerstören.

Das Bild von der Grundmauer erhält eine Fortsetzung, die noch unanschaulicher ist: Die Grundmauer soll nämlich ein Siegel tragen, das mit zwei Zitaten versehen ist. Wahrscheinlich steht dem Verfasser die Tatsache vor Augen, daß in römischer Zeit Ziegel meist vor dem Brennen mit einem Stempel versehen wur-

den, der den Hersteller und oft auch eine Angabe zur Datierung enthielt. Texte
werden freilich kaum mit Siegel aufgeprägt worden sein. Aber da auch Paulus das
Verb »versiegeln« ganz uneigentlich verwendet hat (Röm 15,28), wird man den
Verfasser unseres Briefes nicht bei seinem unpräzisen Bild behaften dürfen. Es
wäre natürlich angemessener gewesen, wenn er — wie das in Offb 21,13 der Fall
ist — seinem Fundament eine Inschrift gegeben hätte. So kann man fragen, ob er
den Begriff des Siegels nicht vielleicht deswegen gewählt hat, weil die beiden
zitierten Sprüche aus der Taufüberlieferung stammen. Die Taufe aber wird seit
Paulus als Versiegelung verstanden (2. Kor 1,22; Eph 1,13; 4,30; Offb 7,3 ff.; 2. Kl
7,6; 8,6).

Der erste Spruch, aus der alttestamentlichen Erzählung vom Aufstand der
Rotte Korah gegen Moses und Aaron genommen (4. Mose 16), bringt zum Ausdruck, daß der »Herr«, d.h. Jesus Christus, allein die Seinen kennt, d.h. daß er
allein entscheidet, wer zu ihm gehört. Möglicherweise liegt hier Polemik gegen
den Anspruch der Gnostiker vor, sie seien von Gott »erkannt« und würden ihn
»kennen« (vgl. 1. Joh 2,4). Der zweite Spruch, aus mehreren alttestamentlichen
Texten kombiniert, verpflichtet jeden, »der den Namen des Herrn nennt«, d.h.
nach 1. Kor 1,2 jeden Christen dazu, sich von Ungerechtigkeit fernzuhalten. So
ergeben die beiden Merksprüche die schwerwiegende Warnung, daß nur derjenige
zum Herrn gehört, welcher diese Zugehörigkeit auch in seinem persönlichen
Lebensvollzug erkennbar werden läßt. Man mag sich an den Schluß der Bergpre-
digt erinnern, wo der zum Weltgericht erscheinende Menschensohn zu den Christen, die zwar »Herr, Herr« gerufen haben, aber den Willen des Vaters in dem
Himmel nicht taten, sagen wird: Niemals habe ich euch gekannt (Mt 7,21–23).

Wenn die Kirche ein »festes Fundament Gottes« ist, so erhebt sich natürlich die   20–21
Frage, wieso denn überhaupt Menschen in ihr sein können, die in Wort und Tat
Ungerechtigkeit üben. Dazu greift der Verfasser, wie auch in 1. Tim 3,15, auf die
Metapher von der Kirche als dem »Haus Gottes« zurück. In einem großen Hauswesen gibt es selbstverständlich verschiedenerlei Gefäße, solche aus Edelmetall für
edle Zwecke und solche aus minderwertigem Material für minderwertige Zwecke.
Ebenso finden sich im Haus der Kirche treue Christen und Ketzer. So wird man
sich durch das Auftreten der Ketzer in seinem Glauben nicht beirren lassen dürfen. Während aber Paulus das Bild von den verschiedenerlei Gefäßen dazu verwendet, um Gottes Recht zur Erwählung und Verwerfung zu begründen, liegen
unserem Verfasser Gedanken an die Prädestination völlig fern. Ganz im Gegenteil: Der Verfasser verweist darauf, daß sich jedes unehrenhafte Gefäß »reinigen«
kann, um dadurch zu einem Gefäß zu werden, »das der Ehre dient«. Damit wird
das Bild gesprengt, und die paränetische Absicht tritt zutage: Wer dem Hause Gottes zur Ehre gereichen will, muß sich von der Irrlehre distanzieren. Solche
Umkehr ist möglich, weil Gott das Heil aller will (1. Tim 1,15; 2,4; Tit 2,11), so
daß selbst Maßnahmen der Kirchenzucht gegenüber einem Irrlehrer letztlich auf
seine Umkehr zielen (1. Tim 1,20).

Nachdem der Anstoß, den das Auftreten der Irrlehrer bereiten könnte, besei-   22
tigt und gleichzeitig die Möglichkeit aufgezeigt ist, daß Ketzer, welche sich vom
Schmutz der Irrlehre gereinigt haben, in die Gemeinde zurückkehren können,

wendet sich der Verfasser neuen Verhaltensmaßregeln für die Gemeindeleiter zu. Der Gemeindeleiter, wie in 1. Tim 4,12 im jugendlichen Alter vorgestellt, soll »jugendliche Begierden« meiden, d. h. ein ruhiges, würdiges Verhalten an den Tag legen. Wie alle wahren Christen soll er ein vorbildliches Verhalten zeigen. Die Tugendliste stimmt fast wörtlich mit der in 1. Tim 6,11 angegebenen überein; auf die konkrete Situation der Auseinandersetzung mit den Irrlehrern verweist die Forderung des »Friedens«. Aggressives Verhalten des Gemeindeleiters würde die Gemeinden nur noch mehr in den Streit hineinführen.

23　　Daher werden — wie schon in Vers 16 — Diskussionen mit den Irrlehrern abgewiesen. Sie rufen nach der Meinung des Verfassers nur neue Streitereien hervor. In der Sache darf es keinen Kompromiß mit den Gegnern geben.

24-26　　Das schließt nicht aus, daß mit den Irrlehrern selbst human umgegangen werden soll. Neben dem Verzicht auf aggressives Auftreten steht die Forderung, der Amtsträger müsse die Lehre geschickt vertreten, wie es 1. Tim 3,2 vom Bischof gefordert ist. Denn nur in der Annahme der »gesunden Lehre« kann die Reinigung der Irrenden von der Ungerechtigkeit bestehen. Wie in 1. Tim 1,20 und Tit 2,12 klingt das typisch griechische Stichwort »Erziehung« an. Freilich weiß der Verfasser, daß menschliche Bemühungen nur gewisse Voraussetzungen schaffen können, während die Umkehr selbst von Gott geschenkt werden muß. Hier läßt der Verfasser unseres Briefes, der soviel von Lehre und Erziehung und positiver Wirkung von Vorbildern hält, erkennen, daß das Problem der Irrlehrer noch in eine andere Dimension weist: Der Widersacher Gottes, der Teufel, hält Menschen im Banne seines Willens gefangen. In dieser Beurteilung der Irrlehre liegt wohl auch der tiefste Grund dafür, daß Streitgespräche mit den Häretikern so aussichtslos erscheinen. Die Gnostiker berauschen sich gewissermaßen an ihren Spekulationen und merken dabei nicht, daß sie sich in der Schlinge des Teufels verfangen haben; zu ihrer Ernüchterung bedarf es nicht nur der Freundlichkeit, Geduld und Festigkeit des kirchlichen Amtsträgers, sondern auch der Gnade Gottes.

7. Die Irrlehre als endzeitliches Phänomen (3,1-9)

1 Dies aber wisse, daß in den letzten Tagen schwierige Zeiten bevorstehen werden; 2 denn die Menschen werden selbstsüchtig sein, habgierig, prahlerisch, überheblich, gotteslästerlich, ungehorsam gegen die Eltern, undankbar, ruchlos, 3 lieblos, unversöhnlich, verleumderisch, unbeherrscht, zügellos, ohne Liebe zum Guten, 4 verräterisch, dreist, aufgeblasen, weit mehr genußliebend als gottliebend, 5 sie besitzen zwar ein äußerlich frommes Auftreten, verleugnen aber die Kraft der Frömmigkeit. Von diesen Leuten wende dich ab! 6 Zu ihnen gehören auch jene Leute, die sich in die Häuser einschleichen und Weibspersonen einfangen, die mit Sünden belastet sind und von verschiedensten Gelüsten umhergetrieben werden, 7 die immerfort am Lernen sind und doch nie zur Erkenntnis der Wahrheit gelangen können. 8 Wie Jannes und Jambres sich dem Moses widersetzten, genauso widersetzen sich diese der Wahrheit: Menschen, deren Verstand zerstört ist und die im Glauben unbewährt sind. 9 Aber sie werden keine weiteren Fortschritte machen; denn ihr Unverstand wird allen völlig klar sein, wie es auch bei jenen beiden der Fall war.

Der Blick des dem Tode entgegengehenden Apostels (vgl. 4,6-8) weitet sich in   A
die Zukunft: Er sieht »in den letzten Tagen« schlimmste Verderbnis über die Menschen kommen. Das gehört zum Stil des als Testament verstandenen Briefes. Und doch meint der Verfasser keineswegs ferne Zeiten, sondern die Gegenwart; sonst könnte Timotheus in V. 5 nicht ermahnt werden, sich »von diesen Leuten fernzuhalten«.

Zur Beschreibung des Sittenverfalls bedient sich der Verfasser eines Lasterkataloges von 18 Gliedern. Aber auch dieser Katalog ist traditionell; denn er geht auf die charakteristischen Eigenarten der Irrlehrer nicht ein, wie sie aus anderen Stellen erkennbar werden. So fehlt jeder Hinweis auf ihre Sexual- und Nahrungsaskese. Daß der Lasterkatalog geprägtes Gut darstellt, geht auch aus seiner — in der Übersetzung nur teilweise nachahmbaren — rhetorischen Gestaltung hervor: Die Glieder sind paarweise nach dem Gleichklang der Vorsilben geordnet. Fünf der gerügten Laster hat unser Katalog mit dem in Röm 1,29-31 angeführten gemeinsam; die meisten anderen kommen neutestamentlich nur in den Pastoralbriefen, sonst aber u.a. in hellenistisch-jüdischer Literatur (Philo, Josephus, Ep Ar) vor.

Auf Tradition verweist die Nennung des Jannes und Jambres. Diese Namen tragen in der nachbiblisch-jüdischen und altkirchlichen Legende die Zauberer, die der ägyptische Pharao gegen Moses aufbietet. In 2. Mose 7,8ff. sind sie noch namenlos; in der zu den aus vorchristlicher Zeit stammenden Qumranschriften gehörenden Damaskusschrift werden bereits »Jachne und sein Bruder« apostrophiert (CD 5,17-19). In einer für den synagogalen Gebrauch erstellten aramäischen Übersetzung des Pentateuch, dem Targum Pseudo-Jonathan, werden zu 2. Mose 1,15 und 7,11 beide Namen genannt. Nach rabbinischen Überlieferungen aus späterer Zeit üben beide auch noch beim Durchzug durchs Rote Meer und selbst bei der Wüstenwanderung ihre Macht gegen Israel aus. Origenes (185-254 n. Chr.) kennt eine apokryphe Schrift »liber Iamnes et Mambres«, die offenbar derartige Legenden gesammelt hat. Wieviel von diesen Ausmalungen in den Gemeinden der Pastoralbriefe bekannt ist, können wir nicht sagen. Eine frühe Form dieser Legendenbildung, die aus dem palästinajüdischen Raum stammt — bei Philo und Josephus ist sie nicht bekannt —, muß ihnen vertraut gewesen sein, sonst könnte der Briefverfasser nicht so unvermittelt darauf anspielen.

Aus diesen Materialien formt der Verfasser eine scharfe Warnung vor den Irrlehrern, die nicht ganz zu der vorher geforderten Freundlichkeit im Umgang mit Irrenden passen will.

Waren in 1. Tim 4,1ff. die Irrlehrer durch den Heiligen Geist angekündigt wor-   B
den, so spricht der dem Tode entgegengehende Apostel diese Voraussage jetzt   1
selbst aus. Das gehört zur Topik der Abschiedsreden und Testamentenliteratur. Daß in den Zeiten vor dem Weltende Kosmos und Menschenwelt aus den Fugen geraten, ist apokalyptische Überzeugung; man vergleiche dazu nur die sog. Synoptische Apokalypse Mk 13; Mt 24 und Lk 21.

Hier wird jedoch die endzeitliche Not allein im Verfall der Moral gesehen. Die   2-4
katalogartige Aufzählung der »die Menschen« — also auch die Christen — befallenden Laster hat vier Glieder (Hochmütige, Lieblose, Prahler, Ungehorsame

gegen die Eltern) mit dem Lasterkatalog Röm 1,29–31 gemeinsam; den Vorwurf der (Gottes-)Lästerung teilt unser Katalog mit mehreren anderen (Mk 7,21–23; Kol 3,5–8; Eph 4,31). Die restlichen 13 Lasterbegriffe finden sich nur in den Pastoralbriefen, haben aber Parallelen im hellenistisch-jüdischen Schrifttum (Philo, Josephus) und bei heidnischen Moralisten dieser Zeit (Epiktet, Plutarch). Schon dieser Befund zeigt, daß hier weder spezielle Phänomene der Endzeit, noch spezielle Probleme der angesprochenen Gemeinden vorliegen, sondern daß der Verfasser die gehobenen ethischen Forderungen seiner Umwelt einklagt.

5 Ein wirklicher Vorwurf an die Adresse der Irrlehrer liegt in der Behauptung, sie hätten zwar die äußerliche Erscheinungsweise von frommen Menschen, ließen aber die Frömmigkeit nicht zur Auswirkung kommen. Hier könnte man an die — als nur äußerlich abgewerteten — asketischen Forderungen der Gegner (vgl. 1. Tim 4,3 f.) denken; aber zu den massiven Vorwürfen des Lasterkataloges (»mehr lustliebend als gottliebend«) paßt eine derartige Deutung nicht. So wird man auf Konkretisierung verzichten und nur allgemein die Anschuldigung geheuchelter Frömmigkeit heraushören. Die Aufforderung, Timotheus solle sich von diesen Menschen fernhalten, läßt erkennen, daß nicht eine ferne Zukunft, sondern die Gegenwart beschrieben wird.

6-7 Leicht ironisch schildert der Verfasser das Verhalten der Irrlehrer. Ihre Missionsmethode ist fragwürdig (sie »schleichen sich ein« — vgl. Jud 4), ihre Missionsobjekte sind zweifelhaft (»Weibervolk, das von Sünden überhäuft ist«) und der Erfolg ist gleich Null (sie können niemals zur Erkenntnis der Wahrheit gelangen, obwohl sie furchtbar lernbegierig sind).

Diese Karikatur knüpft an zwei Sachverhalte an, die uns aus meist späterer gnostischer und antignostischer Literatur bekannt sind. In gnostischen Kreisen scheint der Anteil von Frauen relativ hoch gewesen zu sein (Iren adv. haer. 1,13,2–7); ihnen ist mindestens da und dort noch länger als in der Kirche eine gewisse Mitwirkung an Unterricht, Taufe und Exorzismus gestattet worden (Hippolyt, ref. 6,40; 7,38); vielleicht hat auch die gnostische Ablehnung der Schöpfungsordnungen und das Ideal der Aufhebung der Geschlechtlichkeit anziehend gewirkt (vgl. die zu 1. Tim 2,15 angeführten Stellen). Wenn gelegentlich von der »Gleichberechtigung« der Frau in der Gnosis gesprochen wird, geht das sicher zu weit. Der andere Sachverhalt, den der Verfasser polemisch aufspießt, ist die Tatsache, daß für die Gnostiker der Erkenntnisvorgang tatsächlich fast wichtiger war als die Erkenntnis selbst. Das Jesuswort »Suchet, so werdet ihr finden« (Mt 7,7) ist im gnostischen Schrifttum in vielen Variationen zu finden. Man erinnert sich, daß die »endlosen Untersuchungen« und Disputationen der Gnostiker immer wieder gerügt werden (1. Tim 1,4; 4,7; 2. Tim 2,23; 4,4; Tit 1,14). Nur zu »fälschlicherweise sogenannter Erkenntnis« bringen sie es (1. Tim 6,20)! Mit alledem will der Verfasser die Leser in ihrer Grundentscheidung bestärken, die Erkenntnis der Wahrheit in kirchlich-paulinischer Tradition zu finden.

8-9 Um das Verwerfliche der Irrlehrer herauszustellen, vergleicht der Verfasser sie mit den ägyptischen Zauberern, die nach 2. Mose 7 dem Mose entgegentraten. Wie die Nennung der dem Alten Testament unbekannten Namen Jannes und Jambres zeigt, kann der Verfasser die Kenntnis bestimmter legendarischer Weiterentwicklungen der alttestamentlichen Geschichte voraussetzen; da wir diese nicht kennen, können wir den genauen Vergleichspunkt mit den Irrlehrern nicht erfassen. Man hat vermutet, die Irrlehrer würden ebenfalls Magie treiben; aber das paßt nicht zur Herabsetzung ihres Verstandes. Als Vergleichspunkt ergibt sich jedenfalls: Mose hat diese Bösewichter bloßgestellt; ebenso wird Timotheus seine Gegner entlarven. Das Alte Testament in seiner legendarisch ausgeschmückten Form dient hier als das große erbauliche Exempelbuch, aus dem man Lehren für die Gegenwart ziehen kann. Manche Ausleger denken daran, der Verfasser habe das Alte Testament typologisch verstanden, d.h. die Situation des Mose gegenüber Jannes und Jambres wiederhole sich jetzt in der Endzeit; aber dann müßte Timotheus ja als neuer Mose verstanden werden und mit ihm jeder rechtgläubige Gemeindeleiter! Das ist wohl nicht gemeint. Die alttestamentliche Erzählung, wie sie die angesprochenen Gemeinden kannten, soll also nur veranschaulichen, daß — wie bei Jannes und Jambres — der anfängliche Erfolg keine weiteren Fortschritte gegen den »Mann Gottes« garantiert, sondern schnell und gründlich ins Gegenteil umschlagen kann. Auch das ist völlig unapokalyptisch gedacht; denn nach apokalyptischem Denken geht es ja immer mehr bergab. Eine solche Perspektive könnte aber den Gemeindeleiter nicht zu vollem Einsatz motivieren — und darum geht es dem Verfasser.

8. Die vorbildliche Paulusnachfolge des Timotheus (3,10-17)

3,10 Du aber folgtest meiner Lehre, meiner Lebensführung, meiner Gesinnung, meinem Glauben, meiner Langmut, meiner Liebe, meiner Standhaftigkeit, 11 meinen Verfolgungen, den großen Leiden, wie sie mir in Antiochia, Ikonium und Lystra zugestoßen sind; welch große Verfolgungen habe ich ertragen, und aus allen hat mich der Herr errettet. 12 Und alle, die fromm leben wollen in Christus Jesus, werden verfolgt werden. 13 Böse Menschen und Gaukler werden zum Schlimmeren fortschreiten, verführte Verführer (sind sie).
14 Du aber bleibe bei dem, was du gelernt hast und was dir zur Gewißheit geworden ist; du weißt ja, von welchen Menschen du gelernt hast, 15 und daß du von Kindheit an die heiligen Schriften kennst, welche die Kraft haben, dich weise zu machen zum Heil durch den Glauben in Christus Jesus. 16 Jede von Gott eingegebene Schrift ist auch nützlich zur Belehrung, zur Zurechtweisung, zur Besserung und zur Erziehung in der Gerechtigkeit, 17 damit der Mann Gottes allen Anforderungen gewachsen ist, ausgerüstet zu jedem guten Werk.

Vers 12: *vgl. Ps 34,20.*

Dem negativen Bild der Ketzer wird diesmal das positive Bild des Timotheus gegenübergestellt, der als treuer Nachfolger des Apostels Paulus erscheint. Damit entsteht ein deutlicher Widerspruch zu den Situationsangaben in 1,6–8; 2,1–3.15.22, wonach Timotheus erst zu vollem Einsatz ermahnt werden muß. Wenn er hier als ein in der Nachfolge des apostolischen Vorbildes voll und ganz bewährter Mann erscheint, wird deutlich, daß nicht der »historische Timotheus«

gemeint ist, sondern der in der apostolischen Nachfolge stehende rechtgläubige Gemeindeleiter. Der Abschnitt ist somit paränetisch ausgerichtet; die zentralen Aspekte sind die Lehre des Paulus, die Lebensführung bis hin zur Martyriumsbereitschaft, und das Beharren in der Tradition der Kirche.

Der Verfasser hat diesen Abschnitt selbst formuliert, wenn er auch auf einzelne traditionelle Vorgaben zurückgegriffen hat. Insbesondere wird man fragen können, ob die Erwähnung von Verfolgungen und Leiden in Antiochien (in Pisidien), Ikonium und Lystra (V. 11) Kenntnis der Apostelgeschichte anzeigen. In Apg 13–14 werden diese drei Orte in dieser Reihenfolge als Stationen des Paulus auf seiner ersten Missionsreise genannt. Versteht man den Hinweis auf diese Orte so, daß Timotheus diese Ereignisse miterlebt habe, dann entstände ein Widerspruch zur Apostelgeschichte, nach welcher sich Timotheus erst auf der zweiten Missionsreise an Paulus angeschlossen hat (Apg 16,1ff.). Dann hätte der Verfasser unseres Briefes die Apostelgeschichte nicht gekannt, sondern verdankte seine Kenntnis der ersten Missionsreise mündlichen Paulustraditionen. Doch ist der allgemeine Hinweis an Timotheus nicht zwingend so zu verstehen, als sei Timotheus als Augenzeuge angesprochen. So könnte unsere Stelle sehr wohl der erste Beleg für Kenntnis der Apostelgeschichte sein.

B
10–11 Timotheus verkörpert das Gegenbild zu den unverständigen und die Frömmigkeit verleugnenden Irrlehrern. Denn er hat seine Lehre und seine Lebensführung ganz und gar an Paulus selbst ausgerichtet. Der Verfasser verwendet für diese Beziehung das Verbum »Nachfolgen« (parakoluthein), dessen Grundform (akoluthein) in den synoptischen Evangelien für die Nachfolge der Jünger Jesu verwendet wird (Mk 1,18; 2,14; 8,34 u.ö.). Paulus selbst hat von Nachahmung, nicht von Nachfolge gesprochen (1. Thess 1,6; 1. Kor 4,16; 11,1; Phil 3,17). Ist somit der Gedanke, daß die Lebensweise des Apostels vorbildlich ist, nicht unpaulinisch, so macht Paulus selbst doch öfters deutlich, daß er selbst vorbildlich ist in seiner Ausrichtung auf den leidenden und gekreuzigten Christus. »Ihr seid unsere Nachahmer geworden und die des Herrn«, so ruft er den Thessalonichern zu, und die Philipper fordert er auf: »Brüder, werdet meine Mitnachahmer«. Paulus weiß sich also nicht als ein Tugendvorbild aus sich selbst heraus, sondern nur im Blick auf seinen Herrn. Dieser Christusbezug des Leidens wird in unserem Brief nur in 2,11 angedeutet; wir haben somit eine für die nachapostolische Zeit charakteristische Akzentverschiebung zu beachten. Im Rückblick auf das Leben des Paulus erscheint dieser als die Verkörperung des christlichen Ideals, und auch Timotheus wird im Rückblick zum Vorbild für die jetzt lebenden und wirkenden Amtsträger gemacht.

Es entspricht der in unseren Briefen immer wieder auftretenden Forderung eines Christentums der Tat, daß Lehre und Lebensführung nebeneinander genannt werden. Was die Lehre des Paulus ist, weiß der Leser der Pastoralbriefe aus ihrem ganzen Gedankengang. Die Besonderheit der apostolischen Lebensführung wird durch einen Tugendkatalog von sieben Gliedern erläutert, drei dieser Tugenden, Glaube, Liebe und Geduld, stehen auch in den katalogartigen Zusammenstellungen 1. Tim 6,11 und Tit 2,2 nebeneinander. Daß das Leben des Apostels von Verfolgungen und Leiden gekennzeichnet war, erfahren wir auch aus den unbestrittenen Briefen (1. Kor 4,9-13; 2. Kor 1,5-11; 4,9-12; 6,4-6; 11,23-27; Gal 5,11). Der Hinweis auf drei Orte der ersten Missionsreise, aus denen Paulus verjagt (Apg 13,50; 14,5f.) und sogar fast zu Tode gesteinigt wurde (Apg 14,19), stellt den Lesern plastische Bilder vor Augen, was die Forderung der Leidensbereitschaft konkret bedeuten kann. In der abschließenden dankbaren Erinnerung klingt das Wort des Psalmisten an: »Der Gerechte muß viel leiden, doch allem wird der Herr ihn entreißen« (Ps 34,20).

Wieder weitet sich der Blick des Verfassers in die Gegenwart. Das Geschick des **12** Paulus und seines Nachfolgers Timotheus ist keine Ausnahme, sondern die Regel für alle, die ernsthaft Christen sein wollen. Mit dem Begriff »fromm leben in Christus Jesus« hat der Verfasser das Christsein in eine prägnante Formel gebracht, mit der das heidnische Ideal der »Frömmigkeit« als eines Göttern und Menschen gegenüber pietätvollen Verhaltens nunmehr in das Gravitationsfeld des Christus Jesus gestellt wird, von dem es seine Normen empfängt (vgl. auch 1. Tim 3,16; 4,8). Daß die Nachfolge Jesu zu Verfolgung und Leiden führt, ist eine durchgehende Erfahrung im Urchristentum (Mk 8,34; 13,9-13; 1. Thess 3,1-5; 1. Petr 2,19-21 u.ö.). Von Diffamierungen und Schikanen im Alltagsleben bis hin zu Gefängnis und Tod erstreckte sich die Reaktion der Umwelt auf das Leben der Christen.

Der Gedanke an das Leiden der Frommen läßt noch einmal kurz den Blick auf **13** die Irrlehrer fallen, die behaupteten, sie würden über den einfachen Gemeindeglauben hinaus Fortschritte machen, womit sie zwar das Martyrium umgehen konnten, aber letztlich doch ein viel schlimmeres Los zu erwarten hatten. Sie bringen nicht nur andere Menschen um ihr Heil, sondern auch sich selbst. So spricht der Verfasser mit der sprichwörtlichen Sentenz von den »verführten Verführern« oder »betrogenen Betrügern« ein scharfes Urteil.

Timotheus soll sich also nicht durch angeblich fortschrittliche Parolen vom **14-15** rechten Wege abbringen lassen; er hat das Richtige gelernt und hat sich auch von der Richtigkeit überzeugen lassen. Schließlich weiß Timotheus ja, welche zuverlässigen Menschen ihm die kirchliche Lehrtradition vermittelt haben. Während unsere Briefe sonst den Eindruck erwecken, Timotheus habe die Lehre unmittelbar von Paulus empfangen, wird hier mit einer Mehrzahl von Lehrern gerechnet. Das heißt aber: Genauso wie in 2,2 denkt der Verfasser gar nicht mehr an das Verhältnis des historischen Timotheus zu Paulus, sondern an den kirchlichen Amtsträger seiner eigenen Zeit, der in einer schon längeren Kette von Glaubenszeugen steht. Die Aufforderung, der kirchlichen Glaubensüberlieferung treu zu bleiben, wird begründet durch den Hinweis auf die heiligen Schriften, die dem Timotheus von Kindheit an bekannt sind. Man sollte diese Aussage nicht naiv biographisch ausdeuten, da das Elternhaus des Timotheus, wie zu 1,5 ausgeführt, sicher keine orthodoxjüdische und schon gar nicht christliche Bildung vermittelt hat. Auch hier spricht der Verfasser die Christen seiner Zeit an, die tatsächlich im christlichen Glauben und damit auch in Bekanntschaft mit den heiligen Schriften aufgewachsen sind.

»Heilige Schriften« sind für das Urchristentum zunächst die Bücher des Alten Testaments, und zwar in ihrer griechischen Übersetzung. Dieses griechische Alte Testament, die sog. Septuaginta, enthielt auch Schriften, die später zu den Apokryphen gerechnet wurden, so die Makkabäerbücher, die Weisheit Salomos, Jesus Sirach u.a. Ja, in 1. Kor 2,9 zitiert Paulus einen Spruch, dessen Quelle bis heute nicht gefunden wurde; offenbar hat er eine inzwischen verlorengegangene Schrift als kanonisch angesehen. (Dieser weite Kanon galt übrigens auch noch in der Alten Kirche und gilt teilweise noch in der römisch-katholischen Kirche, dort allerdings mit der Einschränkung, es handle sich um »deuterokanonische« Bücher). In diesen Schriften fanden die frühen Christen die Verheißung eines neuen, alles bisherige überbietenden heilvollen Handelns Gottes an der Welt, und diese Verheißung sah man in Jesus Christus erfüllt. In diesem Sinne machen die heiligen Schriften des Alten Testament weise, daß sie den Glauben an Christus Jesu vorbereiten. Im Blick auf 1. Tim 5,18 wird man freilich nicht ganz ausschließen können, daß auch schon urchristliches Schrifttum auf dem Wege war, Heilige Schrift zu werden. Soweit der Verfasser unserer Briefe Paulusbriefe gekannt hat — für den Römerbrief und den 1. Korintherbrief ist das sehr wahrscheinlich —, scheint er sie noch nicht als heilige Schriften betrachtet zu haben. Der älteste Hinweis auf eine kanonische Geltung von Paulusbriefen ist die Bemerkung des 2. Petrusbriefes, die Häretiker würden schwerverständliche Aussagen von Paulusbriefen ebenso wie die übrigen Schriften verdrehen (3,15).

16 Der Hinweis auf die heiligen Schriften in Vers 15 gibt dem Verfasser Anlaß zu einer ausführlichen Erörterung von deren Aufgabe. Zunächst ist ein Übersetzungsproblem zu klären. Die oben gegebene Übersetzung »Jede von Gott eingegebene Schrift ist auch nützlich zur Belehrung ...« faßt das Eigenschaftswort »von Gott eingegeben« (theopneustos) als Attribut. Oft übersetzt man jedoch dieses Adjektiv parallel zum zweiten Adjektiv »nützlich« als Prädikatsnomen und gelangt dann zu folgender Übersetzung: »Jede Schrift ist von Gott eingegeben und nützlich zur Belehrung ...«; damit dieser Satz sinnvoll ist, muß man den Begriff »Schrift« (graphē) im Sinne von »Schriftstelle« verstehen, was im Neuen Testament und insbesondere in den Paulusbriefen unüblich ist. Entscheidend gegen diese zweite Übersetzung spricht die Tatsache, daß die Aussage »Jede Schrift ist von Gott eingegeben« nicht das Ziel dieses Verses sein kann. Denn schon in Vers 15 hat der Verfasser die Schrift ja mit dem Terminus »heilige Schriften« (hiera grammata) benannt. Diese Bezeichnung für das Alte Testament ist sonst im Neuen Testament nirgends verwendet, wohl aber häufiger im hellenistischen Judentum (Philo, Josephus). Dort wird die letztlich aus dem Griechentum stammende Vorstellung, daß der göttliche Geist Menschen ergreifen und zu Medien seiner Äußerungen machen könne, bereits auf das Alte Testament übertragen. Daß die aus der jüdischen Vergangenheit des Urchristentums übernommenen heiligen Schriften inspiriert sind, ist also fast eine Selbstverständlichkeit. Nicht selbstverständlich dagegen ist, wozu die heiligen Schriften denn nützlich sein sollen. Die Irrlehrer jedenfalls haben sich offensichtlich mehr mit spekulativen Auslegungen abgegeben, die nach 1. Tim 1,4–6 sinnloses Gerede sind. Für die von den Pastoralbriefen angesprochenen Gemeinden und ihre Leiter dagegen soll die Schrift jedoch einen ganz konkreten Nutzen haben. Sie ist einmal die Grundlage der rechten und gesunden Lehre der Kirche. Das recht verstandene Alte Testament, die Schrift, hilft auch bei der Zurechtweisung der Sünder und führt zu ihrer

Besserung. Schließlich kann der Verfasser sogar das griechische Erziehungs- und Bildungsideal der Paideia mit der Heiligen Schrift in Zusammenhang bringen, wobei die Erziehung in der Gerechtigkeit sich ebenfalls auf eine griechische Kardinaltugend bezieht, die den Pastoralbriefen wichtig ist (vgl. 1. Tim 6,11; 2. Tim 2,22). Dieses griechische Ideal knüpft natürlich mehr an die (späten) Schriften des griechischen Kanons an, also an Jesus Sirach, Weisheit Salomos und Sprüche Salomos. Aber auch das Ideal des griechischen Menschen bleibt nicht unverändert, wenn es sich an dem von Christus her verstandenen Alten Testament ausrichten soll.

Exkurs: Die Inspiration der Schrift

»Omnis Scriptura divinitus inspirata est« übersetzt die Vulgata unseren Vers. Von da und von der ähnlichen Aussage in 2. Petr 1,21 her hat sich die Rede von der Inspiration der Bibel gebildet.

Die Vorstellung, daß Menschen von göttlichem Geist ergriffen reden, ist schon viel älter. Die alttestamentliche Prophetie (Mi 3,8; Jer 1,7.9; Ez 11,5; Jes 48,16) und griechische Mantik (Pythia in Delphi; Sibylle von Cumae) setzen sie voraus. Die Vorstellung, daß auch Bücher inspiriert sein können, hat sich erst im Laufe der Zeit ausgebildet. Im Zusammenhang mit der Dekalogüberlieferung finden sich erste Hinweise auf die Schriftwerdung des Wortes Gottes (2. Mose 24,4; 34,28). Auch das von Propheten vermittelte Gotteswort behält verschriftlicht seine Qualität (Jer 36; Hab 2,2; Jes 8,16–18; 30,8; Ps 18,29–31; 73,17 u.ö.). Die Überschriften der Prophetenbücher erklären ausdrücklich, daß hier »das Wort Jahwes, das erging an . . .« gesammelt vorliegt (Hos 1,1; Mi 1,1; Zeph 1,1 u.ö.). Handelt es sich hier um Niederschrift eines inspirierten Wortes, so wird durch Philon von Alexandrien der Vorgang der Niederschrift selbst als inspiriert beurteilt: der Geist Gottes ergreift vom Menschen Besitz und spricht durch ihn.

Setzen die urchristlichen Zeugen zunächst nur voraus, daß Gott in der Schrift Israels spricht, so bildet sich mit der Kanonisierung christlicher Schriften auch die Vorstellung von deren Inspiration aus. Bereits Irenäus (um 180 n. Chr.) vertritt sie (adv haer II 28,2; III 16,2). Seit Origenes (185–254 n. Chr.) ist die Inspiration Anlaß, nach dem verborgenen Tiefensinn der Schrift zu forschen; die allegorische Auslegung beginnt zu dominieren. Freilich bedeutet die Inspiration für Origenes keineswegs die Sicherung der Historizität des Berichteten; auch bedeutet sie nicht die gänzliche Ausschaltung des zur Niederschrift inspirierten Zeugen. Ähnlich stehen bei Augustin (354–430 n. Chr.) Inspiration und menschliche Faktoren bei der Entstehung der Evangelien nebeneinander, ohne daß er eine klare Abgrenzung vornähme.

Selbstverständlich teilt Luther die Vorstellung der Inspiration. Da die Schrift alleinige Grundlage christlicher Theologie sein soll, ist ihm daran gelegen, ihre Gültigkeit über jeden Zweifel zu erheben. Dennoch übt Luther an einzelnen Schriften erhebliche Sachkritik; die Inspiration ist kein Formalprinzip, das gewissermaßen einen Schutzzaun um den Kanon darstellte. So betrachtet es erst die lutherische Orthodoxie: Die Verfasser der biblischen Schriften sind bloße »Griffel des Hl. Geistes«, jeder Buchstabe ist inspiriert, und daher ist jede Aussage irrtumslos. In dieser Form als Verbalinspiration wirkt die orthodoxe Lehre bis heute in Kreisen, die sich selbst »bibeltreu« nennen. Kann man mit dieser Fassung der Inspirationslehre wirklich die Wahrheit des christlichen Glaubens absichern? Es kann in unserem Zusammenhang nicht darum gehen, die Leistungsfähigkeit dieser Auffassung im 16. und 17. Jahrhundert zu prüfen, sondern unter heutigen Voraussetzungen. Da möchten wir sie mit E. Jüngel als »ganz und gar untauglich« beurteilen. Denn: »Sie dient nicht der Wahrheit, zu deren Schutz sie erdacht und konstruiert worden ist. Sie verdunkelt diese Wahrheit vielmehr. Denn die Wahrheit, die der christliche Glaube zu verkündigen hat und zu der er sich so leidenschaftlich bekennt — besteht sie nicht darin, daß in dem Menschen Jesus Gott selbst zur Welt gekommen ist, um so der Menschheit und dem einzelnen Menschen nahezukommen? Wenn aber Gott dem Menschen nahekommt, dann nicht, um ihn zum Instrument herabzusetzen. Der Mensch ist für Gott niemals nur Mittel zum Zweck. Er ist Selbstzweck. Er ist Gottes persönliches Gegenüber, sein Bundespartner. Deshalb bleibt Gottes Nähe uns niemals nur äußerlich.« »Eine so verstandene Inspiration macht die Heilige Schrift allenfalls zu einem unfehlbaren Lehrbuch, bzw. zu einem Kodex von Sätzen göttlichen Rechtes. Aber sie nimmt ihm die Lebendigkeit menschlicher Rede und Anrede. Man könnte den Leser und Hörer der Heiligen Schrift dann zwar mit unfehlbar richtigen Sätzen regelrecht indoktrinieren. Aber man könnte den Menschen damit nicht eigentlich ansprechen, man könnte ihn nicht auf sich selbst ansprechen. Und schon gar nicht auf Gott.«

Mit dieser notwendigen Absage an die Theorie der Verbalinspiration ist nicht notwendigerweise der Verzicht auf das Sachanliegen der Rede von Inspiration überhaupt gegeben. Daß nämlich da, wo es zu einem Verstehen der Offenbarung Gottes in Christus kommt, der Geist Gottes am Werk ist, wird man mit dem Apostel Paulus festhalten müssen (1. Kor 2,6–16). Dann aber müssen wir die alttestamentliche Denkweise aufgreifen, indem wir »die die Schrift zum Wort Gottes machende Inspirationsanschauung als Erwählungs- und Ermächtigungsvorgang« auffassen, »nämlich als Ermächtigung zu einem auf Jesus Christus verweisenden Wort des Zeugnisses«.

So P. Stuhlmacher in seiner Darstellung der Hermeneutik, die auf ein Einverständnis mit den biblischen Texten zielt (Vom Verstehen des Neuen Testaments, 1979, S. 49f.).

Es sei aber darauf hingewiesen, daß eine Lehre vom Verstehen des Neuen Testaments auch ohne Thematisierung der Inspiration hilfreich sein kann, wie H. Weder, Neutestamentliche Hermeneutik, 1986, zeigt.

17   Wieder sprengt der Verfaaser den Bezug Paulus-Timotheus auf, wenn er diese Erörterung über den Nutzen der Heiligen Schrift allgemein für die Ausstattung und Zurüstung des »Mannes Gottes« geltend macht.

9. Letzte Verfügungen des dem Tode entgegengehenden Apostels (4,1-8)

4,1 Ich beschwöre (dich) vor Gott und Christus Jesus, der Lebende und Tote richten wird, und bei seiner Erscheinung und seiner Königsherrschaft: 2 Verkündige das Wort, sei zur Stelle, ob gelegen oder ungelegen, überführe, schilt,

ermahne, in aller Langmut und in aller Art von Lehre. 3 Denn es wird eine Zeit geben, da wird man die gesunde Lehre nicht aushalten, sondern wird sich nach seinen eigenen Wünschen Lehrer zusammensuchen, um sich die Ohren kitzeln zu lassen. 4 Und sie werden ihr Gehör abwenden von der Wahrheit und sich Fabeln zuwenden. 5 Du aber sei in allem nüchtern, ertrage Leiden, verrichte das Evangelistenwerk, erfülle deinen Dienst! 6 Ich werde nämlich schon als Opfer dargebracht, und der Zeitpunkt meines Todes steht bevor. 7 Ich habe den guten Kampf gekämpft, ich habe den Lauf vollendet, ich habe Treue gehalten. 8 Jetzt liegt der Kranz der Gerechtigkeit für mich bereit, den mir der Herr an jenem Tage verleihen wird, nicht nur mir, sondern allen, die sein Erscheinen geliebt haben.

Mit einem beschwörenden Appell wird der Adressat ein letztes Mal auf seine   A
Pflichten im Dienste des rechten paulinischen Evangeliums hingewiesen. Ihr besonderes Gewicht erhalten diese Mahnungen dadurch, daß nicht mehr, wie in 1. Tim 4,13 und Tit 3,12, der zeitweise abwesende Apostel spricht, sondern der dem Tode entgegengehende. Was er sagt, ist gleichsam sein Testament und damit von unaufhebbarer Gültigkeit.

Daß ein Gottesmann im Angesicht des Todes letzte Weisungen und weissagende Ausblicke in die Zukunft spricht, ist bereits ein alttestamentliches Stilmittel (Gen 49; Deut 31-33). In den sog. Testamenten der 12 Patriarchen, die aus nachbiblischer Zeit stammen und uns heute nur in christlich überarbeiteter Form vorliegen, sind diese Ansätze weitergeführt worden. Im Neuen Testament ist hier insbesondere an die Abschiedsreden Jesu im Vierten Evangelium (Joh 14-17) und an die Abschiedsrede des Paulus an die Ältesten von Ephesus (Apg 20,17-38) zu erinnern. Folgende Elemente weisen darauf hin, daß hier die Gattung des literarischen Testamentes verwendet ist: a) Die Mahnung wird begründet durch den Hinweis auf den unmittelbar bevorstehenden Tod des Paulus (4,6); b) der scheidende Apostel sagt das Auftreten von Irrlehrern vorher (4,3f.); c) der Apostel gibt Rechenschaft über sein eigenes Leben, um es dem Adressaten als verpflichtendes Vorbild vor Augen zu stellen (4,7).

In höchst eindringlicher Weise beschwört der Apostel seinen Mitarbeiter, sei-   B
nen Dienst vor Gott und seinem Christus zu versehen. Jesus Christus wird mit   1
einer geprägten Formulierung (vgl. Apg 10,42; 1. Petr 4,5) als Richter über Lebende und Tode näher bestimmt. Weiter wird die Ermahnung durch den Hinweis auf die Epiphanie Jesu Christi, d.h. sein Eingreifen in den Weltlauf am Ende der Zeiten, und durch den Hinweis auf seine Herrschaft begründet. Auch wenn die Pastoralbriefe keine Naherwartung des Endes mehr hegen — um die Wende des ersten zum zweiten Jahrhunderts nach Christus mußte diese aufgegeben werden —, so stehen Leben und Handeln der Kirche dennoch unter dem Vorzeichen der Erwartung. »Das Tun des kirchlichen Lehrers und Gemeindeleiters steht in dem umfassenden Rahmen des von Gott initiierten Geschehens und unter der Perspektive der mit Sicherheit kommenden Epiphanie des Richters Christi Jesu. Darin sind Sicherheit und Zuversicht, aber auch die bedrohende Verpflichtung und Rechenschaftsforderung für diesen Dienst gegeben« (N. Brox). Ein interessantes Beispiel für die Umformung alttestamentlich-jüdischer Erwartungen durch den Christusglauben ist die Erwartung der Königsherrschaft Jesu Christi. Noch

bei Paulus ist wie im Judentum das Endziel die Herrschaft Gottes, das Reich des Sohnes dagegen nur ein vorläufiges (1. Kor 15,24–28); von einem Reich des Sohnes bzw. dem Reiche Christi und Gottes sprechen erst nachpaulinische Briefe (Kol 1,13; Eph 5,5). Den folgerichtigen Endpunkt dieser Neufassung überkommener eschatologischer Vorstellungen vom Christusglauben her stellt das nizäno-konstantinopolitanische Glaubensbekenntnis aus dem Jahre 381 dar, dessen zweiter Artikel sich zu einer Herrschaft des Christus »ohne Ende« bekennt.

2　　In summarischer Weise werden die Pflichten des Gemeindeleiters noch einmal aufgeführt. An der Spitze steht die Aufgabe der Wortverkündigung. Das hier verwendete Verbum kēryssein hängt mit dem griechischen Wort kēryx, der Herold, zusammen. War die Bezeichnung als Herold bisher in hervorgehobener Weise dem Apostel Paulus vorbehalten (1. Tim 2,7; 2. Tim 1,11), so wird hier sein Nachfolger in dieselbe Tätigkeit eingewiesen. Wie schon in 2,14–16.24–26 wird auch jetzt wieder neben die Verkündigung der gesunden Lehre die Zurechtweisung und Abwehr der Irrlehre gestellt.

3–4　　Wie schon öfters (vgl. 1. Tim 4,1ff.; 2. Tim 3,1ff., 13) und dem Stil der Testamentsliteratur angemessen wird das Phänomen der Irrlehre, das die Kirche gegenwärtig bedrängt, in der Form einer Weissagung apostrophiert. Die Irrlehrer sind Menschen, die die »gesunde Lehre« (vgl. 1. Tim 1,10 u.ö.), d.h. die sich auf Paulus berufende Heilsverkündigung der Kirche, nicht annehmen wollen. Sie werden zwar als Menschen dargestellt, die unaufhörlich suchen und fragen (1. Tim 1,4; 4,7; 2. Tim 2,23; Tit 1,14), die aber dennoch zu keiner Wahrheitserkenntnis gelangen (2. Tim 3,7), weil es ihnen letztlich gar nicht um die Wahrheit zu tun ist, sondern um Befriedigung ihrer Neugier und um Selbstbestätigung. Wer sich einer derartigen auf die Wünsche und Bedürfnisse der Hörer zugeschnittenen Verkündigung öffnet oder sie gar selbst verbreitet, handelt schuldhaft. Die scharfe Abwehr des »Ohrenkitzels« im Sinne einer Anpassung des Evangeliums an den Zeitgeist oder der Ermäßigung seiner Forderungen ist sicher begründet; in anderen Situationen wird es freilich auch nötig sein, die alte Wahrheit auf neue Weise zu sagen.

5　　Wie so oft wird auch hier wieder das Verhalten des rechtgläubigen Gemeindeleiters dem Verhalten der Irrlehrer kontrastierend gegenübergestellt. Angesichts der verführerischen und berauschenden Lehren, welche die Gegner vortragen, muß er Nüchternheit bewahren. Wieder wird seine Bereitschaft zum Leiden gefordert (vgl. 1,8; 2,3; 3,11). Mindestens aus späteren Quellen wissen wir, daß die Gnostiker die Bereitschaft zum Leiden nicht für notwendig hielten (vgl. Iren adv. haer. III 18,5; Kl Alexandrinus strom. IV 16; Tertullian, Scorp 1; 9–11). Man kann vermuten, daß solche »Gefälligkeitstheologie« auch schon in der Zeit unseres Briefes galt. Vielleicht denkt der Verfasser aber auch nur wie in 2,4–6 an die Forderung des hingebungsvollen Einsatzes des Gemeindeleiters. Mit dem »Werk des Evangelisten« ist die Tätigkeit des Verkündigens gemeint; nach Eph 4,11 gehören Evangelisten neben Aposteln, Propheten, Hirten und Lehrern zu den Gaben des erhöhten Christus an seine Kirche, und in Apg 21,8 wird der aus dem Kreis der Jerusalemer Hellenisten stammende Philippus als Evangelist bezeichnet. Die uns geläufige Verwendung des Begriffes für den Verfasser einer Evangelienschrift ist erst um 200 nach Christus (Tertullian; Hippolyt) belegt.

Der bevorstehende Tod des Apostels ist es, der diese eindringliche Mahnung 6 begründet. Die Weisungen des Apostels erhalten dadurch ihren letzten Ernst und unwiderrufliche Verbindlichkeit. Die Todesansage wird mit einem feierlichen Bild umschrieben, nämlich der Darbringung eines Trankopfers. Dasselbe Bild hat Paulus im Philipperbrief verwendet (Phil 2,17), einem Brief, den Paulus in Gefangenschaft und in Erwartung eines Prozesses geschrieben hat. Trankopfer, d. h. die Ausgießung von Wein, Wasser, Milch oder Honig, waren in der griechisch-römischen Religion häufig; beim Totenkult, beim Eid und als Begleithandlung von privaten Gebeten wurden sie dargebracht. Auch das Alte Testament bestimmt für den Jerusalemer Tempelkult gelegentlich Trankopfer (2. Mose 29,40; 4. Mose 28,7). Paulus verwendet diesen und andere kultische Begriffe in spiritualisierter Bedeutung; so spricht er an der genannten Stelle des Philipperbriefes über den »Opfer- und Gottesdienst eures Glaubens«. Während die Philipper ihren Glauben gewissermaßen als Opfergabe Gott darbringen, gibt er als begleitendes Trankopfer zu diesem Gottesdienst sein Leben hin. Solche Spiritualisierung von Kultbegriffen findet sich bei Paulus auch anderwärts; so ermahnt Paulus die römische Gemeinde: »Bringt eure körperliche Existenz Gott zu einem lebendigen, heiligen, ihm wohlgefälligen Opfer dar; das sei euer vernünftiger Gottesdienst« (Röm 12,1). Angesichts des verbreiteten metaphorischen Sprachgebrauches wird man weder für Paulus selbst noch für unsere Stelle damit rechnen dürfen, dem Tod des Paulus werde Sühnebedeutung zugeschrieben. Erst der Bischof Ignatius von Antiochien wagt es eine Generation später, sein Martyrium als Sühnetod zugunsten der Gemeinde zu deuten (Ign Eph 18,1; Smyrn 10,2). Das hängt mit der ihm eigenen Vorstellung zusammen, der Bischof sei Repräsentant Christi.

Die Verse 7 und 8 sind als Rückblick auf das abgeschlossene Lebenswerk des 7–8 Apostels formuliert, wobei sie sich großenteils konventioneller Wendungen bedienen. Paulus hat den guten Kampf gekämpft, der nach 1. Tim 6,12 seinem Schüler noch bevorsteht. Neben das Bild vom erfolgreichen Wettkämpfer tritt das Bild vom Läufer, der ans Ziel gekommen ist (vgl. 2,5). Und er hat die Treue gehalten, wozu die noch Lebenden und Kämpfenden immer wieder ermuntert werden müssen (vgl. 2,12 f.). Wie für den Sieger im Stadion ein Kranz aus Fichten- oder Ölbaumzweigen bereit liegt, so liegt für den treuen Verkündiger des Evangeliums der »Kranz der Gerechtigkeit« bereit (ähnliche Bilder: Spr 4,9; Weisheit 5,16; Sir 6,31; 1. Petr 5,4; Offb 2,10; Jak 1,12). Natürlich wird der Kranz erst an »jenem Tage«, am Tag des Jüngsten Gerichtes, verliehen; aber der Apostel scheint sich absolut sicher zu sein, daß der Richter im Endgericht gar nicht anders kann, als ihn und alle anderen, die im Leben auf sein endgültiges Eingreifen, seine Epiphanie, gewartet haben, mit dem »Kranz der Gerechtigkeit« zu schmücken.

Wer diese Selbstaussagen des Paulus mit vergleichbaren Passagen der unbestrittenen Paulusbriefe vergleicht, wird charakteristische Unterschiede bemerken. So hat es Paulus nach 1. Kor 4,3–5 ausdrücklich abgelehnt, das Urteil des Herrn vorwegzunehmen. Bei der Abfassung des Philipperbriefes muß Paulus mit einem Todesurteil rechnen, er beurteilt seine augenblickliche Situation so: »Nicht als ob ich es schon ergriffen oder das Ziel schon erreicht hätte; ich jage ihm aber nach, ob ich es wohl ergreifen möge, weil ich ja von Jesus Christus ergriffen bin. Ich selbst, Brüder, schätze mich noch nicht so ein, als ob ich es schon ergriffen hätte. Nur eines tue ich: Ich vergesse das, was hinter mir liegt, und strecke mich aus nach dem, was vor mir liegt. Ich jage auf das Ziel zu, den Siegespreis der himmlischen Berufung durch Gott in Christus Jesus.« (Phil 3,12-14) Paulus, der schon von Christus Ergriffene, hat den Siegespreis dennoch noch nicht in Händen. Und schließlich wird man im Blick etwa auf 2. Kor 11,30; 12,5-10 fragen dürfen, »ob Paulus selbst in solcher Lage nur von seinem Erfolg, nicht auch von seiner Schwachheit gesprochen, ob er nur sein und nicht viel mehr Gottes Tun gepriesen hätte« (Dibelius-Conzelmann). Aus alledem wird klar, daß hier nicht der historische Paulus die Bilanz seines Lebens zieht, sondern daß Christen der nachapostolischen Zeit an der Bilanz des paulinischen Lebens sich klarmachen, worin Aufgabe und Verheißung ihres Dienstes besteht.

10. Letzte persönliche Mitteilungen, Grüße und Segenswünsche (4,9-22)

9 Bemühe dich, schnell zu mir zu kommen; 10 denn Demas hat mich aus Liebe zur jetzigen Welt im Stich gelassen und ist nach Thessalonich gereist, Crescens nach Galatien, Titus nach Dalmatien; 11 nur Lukas ist bei mir. Nimm Markus und bring ihn mit; denn er ist mir nützlich zum Dienst. 12 Tychikus habe ich nach Ephesus geschickt. 13 Wenn du kommst, bring mir den Mantel mit, den ich in Troas bei Karpus gelassen habe, und die Bücher, vor allem die Pergamentrollen.

14 Alexander, der Schmied, hat mir viel Böses angetan; der Herr wird ihm entsprechend seinen Werken vergelten; 15 vor dem hüte auch du dich! Er ist nämlich unseren Lehren heftig entgegengetreten.

16 Bei meiner ersten Verhandlung ist mir niemand zur Seite gestanden, sondern alle haben mich im Stich gelassen; das möge ihnen nicht angerechnet werden! 17 Der Herr aber stand mir bei und machte mich stark, damit durch mich die Verkündigung zu ihrem Ziel geführt würde und alle Völker sie hören könnten, und ich wurde aus dem Rachen des Löwen herausgerissen. 18 Und der Herr wird mich aus jeglicher böser Machenschaft herausreißen und in sein himmlisches Reich hineinretten. Ihm sei die Ehre in alle Ewigkeit. Amen.

19 Grüße Prisca und Aquila und das Haus des Onesiphorus. 20 Erastus blieb in Korinth, Trophimus mußte ich krank in Milet zurücklassen. 21 Bemühe dich, vor Anbruch des Winters zu kommen! Es grüßt dich Eubulus, Pudens, Linus, Claudia und alle Brüder.

22 Der Herr sei mit deinem Geist. Gnade sei mit euch.

Vers 14: vgl. Ps 62,13; 28,4; Spr 24,12.   Vers 17: vgl. Ps 22,22; Dan 6,21.23.28; 1. Makk 2,60.

A   Der Verfasser läßt den Apostel in die Welt mit ihren alltäglichen Problemen zurückkehren. Sechs Imperative, die konkrete Weisungen des Apostels an seinen Schüler beinhalten, gliedern den Text (VV. 9.11.13.15.19.21); der Auftrag zur schnellen Rückkehr des Timotheus ist die Klammer um den Hauptteil (VV. 9 + 21).

Die einzelnen Abschnitte stehen etwas zusammenhanglos nebeneinander. Zunächst wird der vereinsamte Apostel gezeichnet (VV. 9-12); die Warnung vor einem scharfen Gegner schließt sich an (VV. 14–15). Sodann spricht der Apostel von seiner »ersten Verteidigung«, die mit Hilfe des Herrn zu einem Erfolg der Verkündigung führte; eine Doxologie schließt diesen kurzen Abschnitt ab (VV. 16–18). Es folgen stilgemäß Grußaufträge und weitere Personalnotizen (VV. 19–21). Zwei Segenswünsche, einer an Timotheus und einer an »alle«, beschließen den Brief (V. 22).

Gerade dieser Briefschluß hat immer wieder die Verteidiger der Echtheit auf den Plan gerufen; sie hielten diese Angaben für lebensnah, spontan, herzlich und unerfindlich. Stellvertretend für viele sei das Urteil von Joachim Jeremias aus den früheren Auflagen dieses Kommentares zitiert: »Obwohl es richtig ist, daß es zur Kunst der damaligen Pseudepigraphen gehörte, nachgeahmte Briefe durch frei erfundene, möglichst plastische und konkrete Züge als echt erscheinen zu lassen, so wirken die Personalangaben namentlich 2. Tim 4,9–21 doch in keiner Weise klischeehaft. Das Einmalige der Situation und des innigen Verhältnisses von Schreiber und Empfänger wird stets der Hauptgrund für die Echtheit der Briefe bleiben.« Auf den ersten Blick wird man diesen subjektiven Eindruck durchaus bestätigen können; bei genauerem Hinsehen aber wird man doch auf eine Reihe von Unstimmigkeiten aufmerksam, die sich mit Historizität nicht wohl vereinbaren lassen. Folgende Probleme sind besonders auffällig:

a) Warum belehrt der Apostel seinen Schüler so ausführlich über das Verhalten gegenüber den ephesinischen Irrlehrern, wenn er ihn am Ende des Briefes zur eilenden Rückkehr nach Rom aufruft?

b) Der Apostel ist anscheinend völlig vereinsamt (V. 11), aber am Schluß übermittelt er doch die Grüße einer größeren Anzahl von Brüdern (V. 21).

c) Timotheus muß zwar darüber informiert werden, daß Trophimus im benachbarten Milet zurückbleiben mußte, aber er erfährt nicht, von wo er Markus mitnehmen soll, und auch nicht, wo der Schmied Alexander sich befindet, vor dem er sich hüten soll.

d) Ganz unklar ist die historische Einordnung der so allgemein apostrophierten »ersten Verteidigung«. Entweder nimmt man an, Paulus sei aus der im letzten Kapitel der Apostelgeschichte erzählten römischen Gefangenschaft noch einmal freigekommen, wobei man sich auf altkirchliche Zeugnisse (1. Kl 5; Kanon Muratori 38f.; Apokryphe Petrusakten 1.3) stützt. Danach sei er noch einmal im Osten und dann im Westen tätig geworden und schließlich ein zweites Mal in römische Gefangenschaft geraten. In dieser hypothetischen zweiten römischen Gefangenschaft seien die Pastoralbriefe geschrieben worden; die erste Verteidigung bezöge sich dann auf den Prozeß in Apg 28 zurück.

Abgesehen von den allgemeinen Unwahrscheinlichkeiten dieser Lösung (vgl. die Einleitung), müßte dann Paulus ja zwischenzeitlich wieder mit Timotheus zusammengetroffen sein (1,3) und brauchte ihm viele der hier aufgeführten Einzelheiten nicht erst zu schreiben. Oder aber man paßt die Pastoralbriefe in den von der Apostelgeschichte vorgegebenen Rahmen ein; dann wäre die erste Verteidigung das anläßlich der Gefangenschaft von Cäsarea geführte Vorverhör des Paulus (Apg 23,24). Da Paulus aber zwei Jahre lang in Cäsarea gefangen lag, bevor er nach Rom gebracht wurde, müßte man folgern, er habe über zwei Jahre lang keinen Kontakt mit Timotheus gehabt, was sehr unwahrscheinlich ist; außerdem käme dann die Bitte um Mantel und Schriften reichlich spät.

Kurz: Der Eindruck der Unmittelbarkeit und Unerfindlichkeit trügt. Muß man dann die von Joachim Jeremias genannte Alternative annehmen, es handle sich hier um ein Stilmittel des »Fälschers«? Auch dies überzeugt nicht; ein Schriftsteller, der den Briefen paulinisches Kolorit hätte verleihen wollen, hätte sich wohl um mehr Stimmigkeit bemüht.

Die Alternative: Historische oder ornamentale Angaben erweist sich wieder als unangemessen; die Einzelauslegung wird zeigen, daß die bisherige Einsicht in die paränetisch-paradigmatische Stilisierung des Paulusbildes auch für diesen Abschnitt die beste Erklärung bietet.

B
9–12
Timotheus wird zur schnellen Rückkehr zum Apostel aufgefordert; denn er ist fast völlig vereinsamt (vgl. schon 1,15).

Vier der sechs Namen, die hier genannt werden, finden sich auch in Kol 4,7–14, dort in umgekehrter Reihenfolge: Markus, Lukas und Demas sind als Begleiter des Paulus vorgestellt (so auch Phlm 24), während Tychikus als Überbringer des Kolosserbriefes genannt wird, eine Rolle, die ihm auch in Eph 6,21 zugeschrieben wird. Abweichend davon wird Demas an unserer Stelle negativ gezeichnet: Er hat aus »Liebe zur Welt« den Apostel verlassen. Mit dieser sehr allgemeinen Charakteristik wird ein Gegensatz zu 4,8 statuiert; wer beim Apostel verharrt, ist auch ein Mensch, der den Herrn bei seiner Epiphanie in Liebe empfangen wird. Die Reisen der beiden anderen Mitarbeiter wird man sich wohl in dienstlichem Auftrag vorzustellen haben; mindestens im Fall des Titus ist eine negative Absicht undenkbar. Ob der uns unbekannte Crescenz mit der kleinasiatischen Provinz Galatien, also einem ursprünglich paulinischen Missionsgebiet, in Verbindung steht oder — weniger wahrscheinlich — mit Gallien, das damals ebenfalls Galatia genannt wurde, ist nicht sicher auszumachen. Titus wird eindeutig dem paulinischen Wirkungsbereich zugeordnet: Dalmatien ist südlicher Teil der römischen Provinz Illyrien, die Paulus selbst als sein äußerstes westliches Tätigkeitsfeld bezeichnet hat (Röm 15,19).

Ganz unkonkret ist der Auftrag formuliert, Timotheus solle Markus mitbringen. Markus soll nützlich zum »Dienst« (diakonia) sein; damit ist nach dem Sprachgebrauch der Pastoralbriefe (1. Tim 1,12; 2. Tim 4,5) wahrscheinlich nicht die persönliche Unterstützung des Apostels, sondern die Mitarbeit im Verkündigungsdienst gemeint.

Der Apostel ist also teilweise durch schuldhaftes Versagen von Mitarbeitern vereinsamt, mehr noch aber durch die Notwendigkeiten des apostolischen Dienstes, den er selbst noch in Ketten in gesamtkirchlicher Verantwortung ausübt. Darin soll er Timotheus und jedem Gemeindeleiter Vorbild sein. Mehr noch: In der Wahl der aus Paulusbriefen bekannten Namen wird man keineswegs nur den Versuch sehen dürfen, paulinisches Kolorit zu entleihen; vielmehr soll am — historisch durchaus vorstellbaren — Versagen des Demas gezeigt werden, daß in der augenblicklichen Krise die bloß formale Berufung auf Paulus-Schülerschaft keineswegs genügt. »Apostolizität ist nur da, wo man zu dem Apostel steht in seinem Evangelium, in seinem todesmutigen, unermüdlichen Zeugendienst und in seinem Glaubensleben; Irrlehre, Weltliebe, Halbheit und Untreue trennen von Paulus« (H. Hegermann). Ob man noch einen Schritt weitergehen und daran denken darf, daß mit den Namen Markus und Lukas die Verfasserschaft von Evangelienschriften verbunden wurde, so daß deren Gemeinden hier unter paulinische Autorität gestellt werden sollen (V. Hasler), ist fraglich. Die Zuschreibung der Evangelien an bestimmte Verfasser dürfte doch erst in der Generation nach den Pastoralbriefen erfolgt sein.

Besonders lebensnah wirkt die Bitte um den in Troas zurückgelassenen Mantel: 13 »Der Winter steht vor der Tür, und das Gefängnis ist kalt« (J. Jeremias). Und doch kann die Frage nicht unterdrückt werden, warum denn Paulus überhaupt seinen Mantel und die Schriften bei Karpus zurückließ. Mußte er von dort fliehen? Hätten ihm nicht die vielen römischen Mitchristen, mit denen er in Kontakt stand, in dieser betrüblichen Situation einen neuen Mantel verschaffen können? Bis die Bitte den Timotheus erreichte und Timotheus nach Rom reisen konnte, mußten immerhin mehrere Monate vergehen. Eine rein biographische Deutung dieser Bitte führt also nicht wirklich weiter. Aber auch der Hinweis darauf, daß in vielen erhaltenen Privatbriefen aus jener Zeit Bitten um zurückgelassene Gegenstände zu lesen sind, führt noch nicht zum Ziel; denn auch in einem fingierten Brief wäre die Bitte um den zurückgelassenen Mantel ja schwierig. Die eigentliche Begründung ergibt sich bei einem Blick auf 1. Tim 6,8. »Wenn wir Nahrung und Kleidung haben, werden wir uns damit begnügen«, so hat der Verfasser dort geraten. Mit der Bitte um seinen Mantel wird der gefangene Apostel als »das verpflichtende Beispiel apostolischer Selbstgenügsamkeit« gezeichnet (P. Trummer). Indirekt steht diese Bedürfnislosigkeit des Apostels auch im scharfen Kontrast zu der Geldgier, die den Irrlehrern unterstellt wird (1. Tim 6,5; 2. Tim 3,2 ff.; Tit 1,11). Ganz ähnlich läßt übrigens auch Lukas den Apostel in seiner Abschiedsrede an die Ältesten von Ephesus, die in Milet gehalten wurde, seine Uneigennützigkeit betonen (Apg 20,17–35).

Ähnliches gilt für die Bitte um Bücher und Pergamentrollen. Wer diese Angabe rein historisch auffassen will, muß sich natürlich darüber Gedanken machen, welchen Umfangs und Inhalts die kleine Bibliothek gewesen sein könnte, die Paulus mit sich führte. Man wird auch Überlegungen darüber anstellen müssen, warum Paulus sie bei Karpus zurücklassen mußte und warum er sie gerade angesichts seines bevorstehenden Todes wieder bei sich haben möchte. Natürlich kann man auf alle diese Fragen mit mehr oder weniger einleuchtenden Vermutungen antworten. Einfacher und aussagekräftiger wird diese Briefbitte jedoch dann, wenn man sie als literarische Einkleidung der Hochschätzung des Paulus für die heiligen Schriften ansieht. Wenn sich der letzte Wunsch des dem Tode entgegengehenden Apostels auf die Überbringung der heiligen Schriften richtet, ist dies ein großes und verpflichtendes Vorbild für alle seine Schüler.

Die auf den ersten Blick fast banal wirkende Bitte um ein paar zufällig vergessene Habseligkeiten erweist sich so bei näherem Hinsehen als eine außerordentlich feinsinnige Darstellung des vorbildlichen Wirkens des Apostels.

Ohne Übergang schließt die Warnung vor einem scharfen Gegner an. Worin   14–15 diese Gegnerschaft besteht, ist nicht deutlich. Wenn wir ein Hinweis auf »unsere

Lehren« im Sinne der christlichen Lehren verstehen dürfen, dann könnte Alexander ein außerchristlicher Gegner der Gemeinde gewesen sein. Sind »unsere Lehren« dagegen die Lehren der rechtgläubigen Christenheit, dann war Alexander möglicherweise einer der Irrlehrer. Schließlich könnte mit »unseren Lehren« auch ein Hinweis auf die speziell paulinischen Lehren gemeint sein, dann müßten wir uns Alexander als Haupt einer antipaulinischen Gruppe vorstellen. Im ersten Fall könnte man geneigt sein, ihn mit jenem in Apg 19,33f. genannten Juden Alexander zu identifizieren, der beim Aufstand der ephesinischen Silberschmiede erwähnt wird. Aber es ist doch eher unwahrscheinlich, daß Paulus seinen Schüler Timotheus erst kurz vor seiner Abreise vor diesem Gegner warnt. So wird man sich Alexander eher in Troas vorstellen müssen. In den beiden anderen Fällen könnte er mit jenem Alexander identisch sein, den Paulus nach 1. Tim 1,20 exkommuniziert hat. Aber der nur hier auftretende Beiname »der Schmied« widerrät einer solchen Gleichsetzung ebenso wie die Tatsache, daß auf die über Alexander verhängte Kirchenzucht keinerlei Bezug genommen wird. Die ersten Leser unseres Briefes werden ihn oder seine Anhänger als gefährliche Gegner gekannt haben. Wesentlich ist, daß der Verfasser in alttestamentlichen Worten ihm das Gericht Gottes ankündigt. Damit wird an einem konkreten Beispiel anschaulich gemacht, welch verheerende Folgen die Abwendung von der paulinischen Tradition hat, während ja in 4,8 all denen, die in der paulinischen Tradition bleiben, der Kranz der Gerechtigkeit verheißen worden ist. So ist auch hier — unbeschadet der Möglichkeit, daß eine historische Gestalt mit diesem Namen zu verbinden ist — das paränetische Interesse für seine Erwähnung maßgeblich.

16-18   Unvermittelt erinnert sich der Apostel an seine »erste Verteidigung«. Schon oben wurde darauf hingewiesen, daß die historische Einordnung dieses Vorgangs kaum möglich ist. Aber es geht wohl auch gar nicht um die Darstellung einer biographischen Situation; die totale Einsamkeit des verhafteten und vor Gericht geführten Gemeindeleiters ist wieder als exemplarische Situation zu verstehen. Die zu Beginn des Briefes gegebene Mahnung, sich des gefangenen Apostels nicht zu schämen (1,8), wird hier gewissermaßen durch ihr Gegenbild veranschaulicht: In einer besonders bedrängenden Situation haben sich Mitchristen ihres Apostels geschämt. Solches kann jedem christlichen Missionar zustoßen. Das Verhalten des Paulus ist auch darin vorbildlich, daß er darum betet, dieses Versagen möge seinen Mitchristen nicht angerechnet werden. Damit veranschaulicht der Apostel wiederum einen theologischen Grundsatz, der in 2,13 formuliert war, daß nämlich die Treue des Herrn über menschliche Untreue siegt. Der von allen Menschen verlassene Apostel steht freilich nicht allein vor Gericht; der Herr selbst tritt an seine Seite und stärkt ihn. Hier mag man sich an Szenen erinnern, wie sie in Apg 23,11 und 27,23 geschildert werden. So wurde das Verhör zu einer großartigen Möglichkeit, vor Heiden die christliche Botschaft auszurichten. In diesem Sinn hat schon Paulus selbst über eine Verhörsituation in Phil 1,12f. geurteilt. Die übertreibende Formulierung, die Rede vor dem römischen Gerichtshof sei eine Verkündigung vor »allen Völkern«, erklärt sich natürlich nur aus dem Rückblick einer späteren Generation; Paulus selbst hatte bescheidener von einem Fortschritt für seine Verkündigung gesprochen (Phil 1,12).

Daß jenes erste Verhör noch zu keinem definitiven Urteil führte, beschreibt der Verfasser in alttestamentlicher Sprache als Rettung aus dem Löwenrachen. Diese erste, vorläufige Rettung gibt dem Apostel die Gewißheit göttlichen Beistandes, darüber hinaus aber die Hoffnung auf ewige Rettung. Daß das Heilsziel mit dem Begriff »himmlisches Königreich« umschrieben wird, erinnert an die Sprache der synoptischen Evangelien, greift aber eine im ersten Vers unseres Kapitels anklingende Begrifflichkeit auf. Der Gedanke an die endzeitliche Rettung führt den Verfasser zu einem liturgisch klingenden Lobpreis des rettenden Gottes. Ähnliche Doxologien finden wir auch in 1. Tim 1,17 und 6,16; auch der Apostel Paulus selbst hat solche letztlich aus jüdischer Frömmigkeit übernommenen Formeln wiederholt gebraucht (Röm 9,5; 11,33–36; Gal 1,5; Phil 4,20). Daß die Doxologie hier — nach Vers 17 — dem Herrn Christus gilt, läßt erkennen, daß die jüdische Form mit christlichem Inhalt gefüllt wird.

Grußaufträge und Grüße beenden, wie in den meisten Paulusbriefen, dieses **19–21** Schreiben. Wie in der Grußliste des Römerbriefes stehen Priska und Aquila an der Spitze. Sie gehörten zum engsten Mitarbeiterkreis des Paulus. Das judenchristliche Ehepaar stammte aus Rom, wurde durch das sog. Judenedikt des Kaisers Claudius im Jahr 49 nach Christus aus Rom vertrieben, begab sich nach Korinth und Ephesus und kehrte wieder nach Rom zurück (Apg 18; 1. Kor 16,19; Röm 16,3 f.). Ihre Erwähnung verleiht dem Brief paulinisches Kolorit. Der Gruß an die Familie des treuen Onesiphorus verweist auf 1,16–18 zurück. Mit Erastus und Trophimus werden aus der Apostelgeschichte bekannte Mitarbeiter des Paulus genannt (vgl. Apg 19,22; 20,4; 21,29). Nochmals wird Timotheus zu baldigem Kommen aufgefordert. Von Mitte November bis Mitte März pflegte die Schiffahrt über das adriatische Meer zu ruhen. Schließlich richtet Paulus noch die Grüße von vier römischen Christen aus; spätere kirchliche Überlieferung (Iren adv haer III, 3,3) behauptet, der hier genannte Linus sei erster Bischof von Rom nach dem Apostel Paulus gewesen. Formelhaft wie in 1. Kor 16,20; Phil 4,21 werden noch Grüße von »allen Brüdern« angefügt.

Der abschließende Segenswunsch an Timotheus ist ähnlich formuliert wie die **22** Segenswünsche in Gal 6,18; Phil 4,23; Phlm 25. Der Brief schließt, wie schon der 1. Timotheusbrief, mit einem Gnadenwunsch, der im Plural formuliert ist; damit wird angedeutet, daß der Brief nicht so sehr individuellen Charakter hat, sondern allen in der paulinischen Tradition stehenden Gemeindeleitern gilt.

Der Brief an Titus

1. Zuschrift und Segenswunsch (1,1-4)

1 Paulus, Knecht Gottes und Apostel Jesu Christi, (bestimmt) zum Dienst am Glauben der Auserwählten Gottes und an der Erkenntnis der Wahrheit, die der Frömmigkeit entspricht, 2 aufgrund der Hoffnung auf ewiges Leben, welches Gott, der nicht lügt, vor ewigen Zeiten verheißen hat; 3 zur rechten Zeit aber hat er sein Wort offenbart durch die Verkündigung, mit der ich betraut worden bin nach dem Auftrag Gottes, unseres Retters, 4 an Titus, sein rechtmäßiges Kind gemäß dem gemeinsamen Glauben: Gnade und Friede von Gott, dem Vater, und Christus Jesus, unserem Retter.

A   Das Präskript des Titusbriefes entspricht dem Schema der unbestrittenen Paulusbriefe (Absender — Adressat — Segenswunsch). Die Absenderangabe ist aber — ähnlich wie im Römer- und Galaterbrief — stark erweitert. Daß Paulus im Römerbrief, der den Kontakt mit einer nicht von ihm gegründeten Gemeinde herstellen soll, ausführlich über seinen Auftrag schreibt, verwundert ebensowenig wie im Galaterbrief, der an Gemeinden gerichtet ist, die vom paulinischen Evangelium abzufallen drohen. Aber in einem Schreiben an einen langjährig bewährten Mitarbeiter erwartet man das nicht. Die Einzelexegese wird zeigen, daß das Präskript des Römerbriefes als Vorbild für den Titusbrief gedient hat.

B   Paulus wird — ähnlich wie alttestamentliche Propheten — als »Knecht Gottes«
1   vorgestellt; Paulus selbst hat sich so nicht bezeichnet, sondern als »Knecht Jesu Christi« (Röm 1,1; Gal 1,10; Phil 1,1). Mit der weiteren Bezeichnung als »Apostel Jesu Christi« wird eine geläufige Selbstbezeichnung des Apostels aufgegriffen (Gal 1,1; 1. Kor 1,1; 2. Kor 1,1; 1. Thess 2,7). Dieser Apostolat wird doppelt erläutert: Er ist — wie in Röm 1,5 — dazu bestimmt, dem Glauben der Auserwählten Gottes zu dienen, und er soll die »Erkenntnis der Wahrheit« (s. zu 1. Tim 2,4) verbreiten, eine Erkenntnis, die der »Frömmigkeit«, d.h. dem christlichen Glauben, eigen ist.

2-3   Der Apostolat des Paulus hat es ferner mit der Hoffnung auf das ewige Leben zu tun. Auch wenn die Pastoralbriefe keine Naherwartung des Endes mehr kennen, so stellen sie doch die Existenz des Christen in das Licht des Jüngsten Tages (vgl. 1. Tim 6,15; 2. Tim 1,12; 4,8). Die Heilsgabe des ewigen Lebens für die Gläubigen war schon vor Grundlegung der Welt im Heilsplan Gottes vorgesehen (vgl. 2. Tim 1,9), ist aber erst in der jetzigen heilsgeschichtlichen Stunde im Wort der Verkündigung offenbar gemacht worden. Der Verfasser greift damit einen Gedanken auf, der sich auch sonst bei Paulus und seinen Schülern findet (1. Kor 2,6ff.; Röm 16,25f.; Kol 1,26; Eph 3,3ff.). Mit dieser Verkündigung ist der Apostel Paulus betraut worden. Ähnlich sagt er in 1. Tim 1,15, er sei mit dem Evangelium betraut worden. Somit ist die Verkündigung des paulinischen Evangeliums die entscheidende Heilskundgabe.

Der Adressat Titus (vgl. die Einleitung) wird wie Timotheus (1. Tim 1,2; 2. Tim 4 1,2) als rechtmäßiger Wahrer des paulinischen Glaubens herausgestellt.

Der Segenswunsch ist zweigliedrig wie bei Paulus, während er in 1. Tim 1,2 und 2. Tim 1,2 um den Zuspruch von Barmherzigkeit erweitert ist. Dagegen ist die Bezeichnung des Christus Jesus als »Retter« den Pastoralbriefen eigen (2. Tim 1,10; Tit 2,13; 3,6), während sie bei Paulus selbst nur einmal zu finden ist (Phil 3,20). Dieses Prädikat wird in der hellenistischen Umwelt für Götter und Herrscher verwendet. Indem die Pastoralbriefe Christus, aber auch Gott (s. zu 1. Tim 1,1), als Retter (Luther übersetzte »Heiland«) bezeichnen, erheben sie den Anspruch, daß Heil nur aufgrund des Ratschlusses des einen Gottes im Werk Jesu Christi zu finden ist.

2. Bestimmungen für gemeindeleitende Ämter (1,5–9)

5 Dazu ließ ich dich in Kreta zurück, daß du das, was noch fehlt, in Ordnung brächtest und in den einzelnen Städten Presbyter einsetztest, wie ich es dir persönlich auftrug: 6 Wenn jemand unbescholten ist, Mann einer einzigen Frau, mit gläubigen Kindern, denen nicht Liederlichkeit oder Aufsässigkeit vorgeworden werden kann.

7 Denn der Gemeindeleiter muß unbescholten sein als Haushalter Gottes, nicht anmaßend oder jähzornig, nicht trunksüchtig noch gewalttätig, nicht gewinnsüchtig, 8 sondern gastfrei, dem Guten zugetan, besonnen, gerecht, heilig, beherrscht; 9 stets bemüht um das zuverlässige Wort, das der Lehre entspricht, damit er in der Lage ist, in der gesunden Lehre zu unterweisen und die Widersprechenden zu widerlegen.

Nach einer fiktiven Situationsangabe (V. 5) nennt der Verfasser Qualifikations- A merkmale für die Einsetzung von Presbytern (V. 6) und des Gemeindeleiters (»Bischofs«: VV. 7–9). Die drei für einen Presbyter erforderlichen Eigenschaften sind in dem Bischofsspiegel 1. Tim 3,1–7 ebenso enthalten wie die 13 vom Gemeindeleiter geforderten Tugenden, großenteils sogar mit denselben Begriffen. Inhaltlich gehen diese Kataloge auf die antiken Berufspflichtenlehren zurück (s. zu 1. Tim 3,1–7).

Der briefliche Rahmen setzt eine aus den unbestrittenen Paulusbriefen und der B Apostelgeschichte nicht nachweisbare historische Situation voraus: Paulus hat, 5 zusammen mit Titus, auf der Insel Kreta missioniert, ist jetzt auf dem Weg nach Nikopolis (3,12; mehrere antike Orte tragen diesen Namen), und hat Titus zur Ausgestaltung der Organisation der Gemeinden zurückgelassen. Natürlich könnte man einen Kretaaufenthalt des Paulus irgendwo in den Rahmen der Apostelgeschichte eintragen, aber es ist dennoch nicht vorstellbar, daß Paulus erst nach der Abreise seinem Beauftragten die Kriterien mitteilt, nach denen er seine Aufgabe erfüllen soll, zumal sie so allgemein sind, daß ein langjähriger Mitarbeiter des Apostels sie sowieso schon kennen müßte. Überdies wäre das auch der einzige

Fall, in dem Paulus sich um die Organisation der Gemeinden gekümmert hätte. D.h.: Dem Verfasser des Briefes liegt daran, die von ihm intendierte Gemeindeorganisation auf den Paulusschüler und damit letztlich auf Paulus selbst zurückzuführen. Jede Gemeinde soll einen Ältestenrat besitzen, aber auch einen Gemeindeleiter (»Bischof«).

6 Wozu Presbyter eingesetzt werden, wird nicht gesagt. Die angegebenen drei Qualifikationsmerkmale bleiben ganz allgemein im Rahmen christlicher Lebensführung, wie sie unter anderem auch für den Bischof und die Diakone gefordert ist. Zur Bedeutung der Forderung, Mann einer einzigen Frau zu sein, ist das zu 1. Tim 3,2 Ausgeführte zu vergleichen.

7-9 Viel detaillierter werden die Voraussetzungen für den Gemeindeleiter angegeben. Zum Teil handelt es sich um allgemeine Tugendideale der damaligen Zeit, die weder spezifisch christlich, noch spezifisch für Männer in leitender Stellung gefordert werden (s. zu 1. Tim 3,2-8).

Für das Verständnis des gemeindeleitenden Amtes wesentlich ist die Bezeichnung »Hausverwalter Gottes«. Sie entspricht der den Pastoralbriefen eigenen ekklesiologischen Bezeichnung »Haus Gottes« (1. Tim 3,15; vgl. 2. Tim 2,20) und der Forderung, der Gemeindeleiter müsse seinem eigenen Haus gut vorstehen (1. Tim 3,5). Ein Hausverwalter hatte Aufsichtspflicht über die (Mit-) Sklaven (vgl. Lk 12, 42f.) und verwaltete das Vermögen seines Herrn (vgl. Lk 16,1ff.); Paulus selbst bezeichnet sich einmal als »Verwalter der göttlichen Geheimnisse« (1. Kor 4,1). Wir haben also an einen Amtsträger mit entscheidenden Befugnissen zu denken. Schon das spricht gegen die verbreitete These, der Verfasser wolle Presbyter und »Bischof« gleichsetzen. Wo das Haus mit seinem Ordnungsgefüge als Analogie zur Gemeinde dient, kann es nur einen Hausverwalter (»Bischof«) geben.

Die Hauptfunktion des Gemeindeleiters wird in Vers 9 ausgesprochen: Er muß fest auf dem Boden der kirchlichen Lehre stehen, um den Irrlehrern entgegentreten zu können. Dieselbe Aufgabe hatte auch »Timotheus« zugeteilt bekommen (2. Tim 2,24). Die Einsetzung des gemeindeleitenden Amtes hat also eindeutig mit der Bekämpfung der Irrlehre zu tun.

Exkurs: Das kirchliche Amt in den Pastoralbriefen

Die Pastoralbriefe nennen vor allem drei kirchliche Ämter: Presbyter, Gemeindeleiter (»Bischof«) und Diakone. Am Rande werden noch Propheten erkennbar; beim »Witwenstand« handelt es sich mehr um eine karitative denn amtliche Einrichtung. Wenigstens umrißhaft sollen diese Ämter in die Geschichte der urkirchlichen Entwicklung eingezeichnet werden.

Das Ältestenamt ist in der jüdischen Kommunal- und Synagogenverfassung vorgegeben. Für eine am Althergebrachten orientierte Gemeinschaft war es naheliegend, erfahrene und angesehene Männer als Ratgeber zu bestellen. Man wird von vornherein annehmen dürfen, daß judenchristliche Gemeinden diese ihnen vertraute Institution übernommen haben. In Jerusalem ist ein solcher Ältestenrat wiederholt in Erscheinung getreten (Apg 11,30; 15,6.23; 21,18), und auch der judenchristliche Jakobusbrief kennt Gemeindeälteste (5,14).

Da sich die palästinische Urgemeinde unter der Wirkung des endzeitlichen Geistes Gottes wußte, hatten auch Propheten in ihr Bedeutung (Apg 11,27; 15,32; 21,10). Auch im griechischsprechenden Judenchristentum Antiochiens spielen Propheten eine große Rolle (Apg 13,1-3). Die von der antiochenischen Gemeinde ausgesandten Missionare Barnabas und Paulus setzen nach Apg 14,23 in jeder Gemeinde Presbyter ein.

Eine andere Vorgeschichte hat das Amt des »Bischofs« (episkopos). Episkopos, wörtlich übersetzt »Aufseher«, kann als Bezeichnung für Staatsbeamte, Gemeinde- und Vereinsbeamte, Bauaufsichtsbeamte und mit Verwaltungsaufgaben befaßte Funktionäre in religiösen Vereinigungen dienen. Erstmals ist im Präskript des Philipperbriefes (1,1) die Existenz von »Bischöfen« in einer paulinischen Gemeinde bezeugt. In den anderen Paulusbriefen hören wir zwar viel von Gemeindegliedern, die besondere Aufgaben im Dienst der Gemeinde ausübten, aber sie werden mit teilweise recht unterschiedlichen Bezeichnungen belegt. Die ausführlichste Auflistung von gemeindlichen Amtsträgern finden wir im 1. Korintherbrief. Dort nennt Paulus Apostel, Propheten, Lehrer, Leute mit Wunderkräften und Heilungsgaben, Leute, die Hilfeleistungen und Leitungsämter versehen. Man kann vermuten, daß die Episkopen in Philippi mit den in Korinth genannten Leuten, die Leitungsämter zu versehen hatten, vergleichbar sind. Für das paulinische Gemeindeverständnis wesentlich ist aber die Tatsache, daß der Leitgedanke des Christusleibes im Vordergrund steht: die unterschiedlichen individuellen Gaben wirken zusammen, sie sind insgesamt Geschenke des göttlichen Geistes und dürfen nicht in eine abgestufte Hierarchie von Gemeindeämtern überführt werden. Von daher ist es kein Zufall, daß Paulus in den von ihm allein gegründeten Gemeinden jedenfalls das hierarchische Presbyteramt nicht kennt. Wenn in der Gemeinde von Philippi Episkopen auftreten, so handelt es sich dabei um Gemeindeglieder, denen bestimmte Verwaltungsaufgaben übertragen worden sind; die christlichen Gemeinden mußten sich ja nach römischem Recht als Verein von einheimischen Bürgern oder als Korporation von Ausländern organisieren. Daß Paulus die Episkopen in einem Brief erwähnt, der auch den Dank für materielle Unterstützung enthält (Phil 4,10-20), läßt die Annahme naheliegend erscheinen, die Episkopen hätten mit der Führung der Gemeindekasse zu tun gehabt. In etwas späteren Quellen (Did 15,1; Ign Pol 6,1) ist das wenigstens als Aufgabe der Episkopen bezeugt.

Neben den philippischen Episkopen stehen Diakone (Phil 1,1). Sie erscheinen so — der Grundbedeutung des Wortes nach — als Helfer der »Bischöfe«. Geht man vom griechischen Verbum diakonein aus, das oft »Tischdienst leisten« heißt, dann hat sich das Amt des Diakons vielleicht aus einer ursprünglichen Funktion als Helfer bei den gemeindlichen Mahlfeiern entwickelt; im Zusammenhang damit stand vielleicht auch die Verteilung von Gaben an Bedürftige.

Wenn in den Pastoralbriefen an herausragender Stelle einerseits die Presbyter, andererseits der Episkopos stehen, dann wird man die verbreitete Annahme, daß hier zwei Konzeptionen unterschiedlicher Herkunft verschmolzen wurden, für richtig halten. Zu klären ist sowohl die Frage nach der Absicht dieser Verschmelzung, als auch die Frage, auf welcher Grundlage diese Verschmelzung erfolgen sollte.

Über das Presbyteramt erfahren wir aus den Pastoralbriefen relativ wenig. Es handelt sich um ein althergebrachtes, weil schon vom Paulusschüler eingesetztes Amt (Tit 1,5); es ist das Amt, dessen Qualifikationsmerkmale am kürzesten abgehandelt werden (Tit 1,6). Im 1. Timotheusbrief wird beiläufig die Existenz eines Presbyteriums erwähnt, das bei der Ordination des Gemeindeleiters mitwirkt (1. Tim 4,14). Ferner wird zwischen Presbytern, die ihr Vorsteheramt gut ausüben und solchen, die eine derartige Funktion nicht wahrnehmen, unterschieden; auch scheint es so, daß unter den Vorsteher-Presbytern nochmals eine besondere Gruppe namhaft gemacht wird, die auch Verkündigung und Lehre ausüben. All das wird weder begründet noch im einzelnen geregelt, so daß man den Eindruck erhält, diese Verhältnisse seien den angesprochenen Gemeinden bekannt.

Das Amt des Episkopen stellt der Verfasser dagegen sehr viel ausführlicher vor. Nicht nur, daß er Timotheus und Titus als Leitbilder für dieses Amt zeichnet (s. die Einleitung); er empfiehlt das Episkopenamt ausdrücklich als etwas Gutes und Erstrebenswertes (1. Tim 3,1), er nennt ausführliche Qualifikationsmerkmale (1. Tim 3,2–7; Tit 1,7–9), die erkennen lassen, daß der Episkopos die Gemeinde in besonderer Weise nach außen repräsentieren soll (1. Tim 3,7), daß er aber auch im Blick auf die innere Leitung der Gemeinde den Vorrang hat. Er ist der »Hausverwalter Gottes« (Tit 1,7), er trägt für die ganze Gemeinde Gottes Sorge (1. Tim 3,5) und für dieses Amt ist die Befähigung zur Lehre konstitutiv (Tit 1,9; 1. Tim 3,2; 4,13–16). Sodann ist er es, der über Anklagen gegen Presbyter zu entscheiden und sie im Falle eines Vergehens vor versammelter Gemeinde zu überführen hat (1. Tim 5,19 f.), und er soll schließlich zuverlässige Männer zur Lehre einsetzen (2. Tim 2,2).

Aus dieser Vielzahl von präzisen Angaben über das Amt des Episkopos muß geschlossen werden, daß es in den angesprochenen Gemeinden nicht bekannt ist, sondern neu eingeführt werden soll. Der »Bischof« soll neben und teilweise über das Presbyterium gesetzt werden. Die Tatsache, daß vom Episkopos immer nur im Singular die Rede ist, zeigt an, daß es sich um ein Monoepiskopat handelt. Die vielfach diskutierte Frage, ob wir hier auch schon von einem monarchischen Bischof reden dürften, wird dagegen nicht uneingeschränkt zu bejahen sein. Einige Aufgaben des Episkopos werden ja auch von Presbytern wahrgenommen; andererseits sind die Diakone — ebenfalls ein Amt, für das geworben wird (1. Tim 3,13) — nur dem Bischof zugeordnet. Der Bischof steht also sowohl über den Presbytern, als auch über den Diakonen, aber die spätere hierarchische Rangordnung Bischof-Presbyter-Diakone, wie sie in den Briefen des Ignatius von Antiochien etwa 15 Jahre später eindeutig bezeugt ist, ist in den Gemeinden der Pastoralbriefe noch nicht vorhanden. Es ist ja auch noch nicht vorgegeben, daß der Bischof unbedingt aus dem Kreis der Presbyter gewählt werden müsse; das Bild des jugendlichen Timotheus (1. Tim 4,12) spricht sogar gegen eine solche Annahme. Insbesondere hat der »Bischof« der Pastoralbriefe auch noch keine besonderen priesterlichen Funktionen, die ihn über die anderen Amtsträger hinaushöben.

Der sachliche Grund für die Verschmelzung des judenchristlichen Ältesten-
amtes mit dem aus paulinischer Tradition stammenden Episkopenamt liegt sicher
in der akuten Gefährdung durch die Irrlehre (bes. Tit 1,9). Der herkömmliche
Ältestenrat war ein Gremium von Honoratioren, dessen Mitglieder sehr unterschiedliche Befähigung und auch sehr unterschiedliche Einsatzbereitschaft gehabt
haben dürften. Der ernsten Herausforderung waren sicher nicht alle Presbyter
gewachsen. Auch kann ein plurales Leitungsgremium, dessen Mitglieder nicht
unbedingt Sachkompetenz besitzen müssen, nie so sicher entscheiden wie ein einzelner, der bewußt in einer theologischen Tradition steht. Darüberhinaus soll der
Gemeindeleiter geradezu die Verkörperung des antihäretischen Ideals sein (vgl.
die Bischofsspiegel 1. Tim 3,2–7 und Tit 1,7–9 mit der Schilderung der Irrlehrer
2. Tim 3,1–5). Es dürften also sehr pragmatische Überlegungen gewesen sein, die
eine Reform der Gemeindeverfassung ratsam erscheinen ließen. Der Verfasser
behauptet auch nirgends, er setze hier »göttliches Recht«; das geschieht nach
Ansätzen im Epheserbrief erst bei Ignatius von Antiochien, also jenseits der Gren-
zen des neutestamentlichen Kanons. Ist das Amts- und Gemeindeverständnis der
Pastoralbriefe aber aus seiner Situationsbezogenheit heraus zu verstehen, und ist
es noch so offen, wie wir es nachzeichnen zu können glaubten, dann wird sich von
da aus den gegenwärtigen Bemühungen um eine Verbesserung und Weiterent-
wicklung dieser Fragen kein Hindernis in den Weg stellen dürfen.

3. Die zu widerlegende Irrlehre (1,10-16)

10 **Denn es gibt viele, die aufsässig sind, leere Schwätzer und Schwindler,
besonders solche aus der Beschneidung;** 11 **denen muß man den Mund stopfen,
Leuten, die ganze Familien durcheinanderbringen durch ihre ungehörigen
Lehren um schändlichen Gewinnes willen.** 12 **Es hat einer von ihnen, ihr eigener Prophet, gesagt: »Kreter sind immer Lügner, schlimme Bestien, faule
Bäuche«.** 13 **Dieses Zeugnis ist wahr. Darum widerlege sie mit Strenge, damit
sie im Glauben gesund werden** 14 **und sich nicht mit jüdischen Mythen abgeben
und mit Satzungen von Menschen, die sich von der Wahrheit abkehren.** 15 **Den
Reinen ist alles rein, den Befleckten und Ungläubigen aber ist nichts rein; bei
ihnen sind Verstand und Gewissen befleckt.** 16 **Sie behaupten, Gott zu kennen,
aber mit ihren Werken verleugnen sie ihn, die sie verabscheuenswerte, ungehorsame und zu jedem guten Werk unbrauchbare Menschen sind.**

Die dem Gemeindeleiter zugewiesene Aufgabe, die Irrlehre zu bekämpfen, ver-   A
anlaßt einen Exkurs zur Charakterisierung der gegnerischen Position. Einige konkrete Informationen über Inhalt (VV. 14,16) und Reichweite ihrer Tätigkeit
(V. 11) werden mit scharfer Polemik umrahmt. Die negativen Äußerungen über
die Häretiker sind gewissermaßen als Kontrastbild dem christlichen Ideal gegenübergestellt (VV. 10.11.14.16).

In Vers 12 zitiert der Verfasser einen Vers, der von Klemens von Alexandrien
und Hieronymus dem kretischen Dichter Epimenides (um 500 v. Chr.) zugeschrieben wird.

B   Die offenbar zahlreichen Gegner werden als aufsässige Kinder (vgl. V. 6), leere
10 Schwätzer (vgl. 1. Tim 1,6) und Schwindler charakterisiert — die Wertlosigkeit
ihrer Sache könnte nicht drastischer dargetan werden. Einzig der Hinweis auf die
Herkunft eines Teils der Irrlehrer »aus der Beschneidung« ist ein konkreter Zug;
man wird darunter — wie in Gal 2,12; Kol 4,11 und Apg 11,2 — Judenchristen zu
verstehen haben. Auch aus dem Folgenden wird deutlich, daß in der Irrlehre ein
judenchristliches Ingredienz steckt. Da wir aus Philo und Josephus wissen, daß es
in Kreta viele Juden gab, wird man dort auch mit einer judenchristlichen Gruppe
rechnen dürfen (vgl. auch Apg 2,11).

11   Zunächst wird eine Diskussion mit den Häretikern abgelehnt; sie sollen gar
nicht zu Worte kommen. Dasselbe Vorgehen wird auch 2. Tim 2,14 f. empfohlen.
Vielleicht gehört auch die Exkommunikation zu den Mitteln, Irrlehrern »den
Mund zu stopfen« (vgl. 1. Tim 1,20).

Der Anlaß zu einem derart rigorosen Vorgehen ist wohl das Ausgreifen der Irrlehre, das zur Zerrüttung von Großfamilien geführt hat; anderwärts wird es mit
dem unaufhaltsamen Wuchern eines Krebsgeschwürs verglichen (2. Tim 2,17).

Daß die Irrlehrer Unschickliches verbreiten, wird ähnlich auch vom Gerede der
jüngeren Witwen behauptet (1. Tim 5,13). Der Vorwurf der Geldgier wird immer
wieder gegen Irrlehrer vorgebracht (vgl. zu 1. Tim 6,5), während kirchliche Amtsträger ebenso stereotyp vor Geldgier gewarnt werden (Tit 1,7; 1. Tim 3,3.8; 6,10f.).

12–13 Mit einem Dichterzitat, das im Versmaß des Hexameters abgefaßt ist, wird das
negative Urteil über die in Kreta umgehenden Irrlehrer unterstrichen: Kreter sind
lügnerisch, roh und genußsüchtig. Über den Sinn dieses und ähnlicher Pauschal-
urteile sollte man nicht streiten. Der Verfasser greift es auf, um die Irrlehrer zu
treffen, aber er trifft damit in Wirklichkeit einen ganzen Volksstamm, u.a. auch
die bei der rechtgläubigen Gemeinde verbliebenen Kreter. In einem nach Kreta
gerichteten Brief wäre die Aufnahme eines derartigen Vorurteils doppelt fatal.
Möglicherweise weiß der Verfasser, daß einige der von ihm bekämpften Irrlehrer
kretische Judenchristen sind und verschmäht angesichts der bedrohlichen Lage, in
die sie seine Gemeinden gebracht haben, diese grobe Waffe nicht, um ihnen den
Mund zu stopfen. Daß er den Dichter als »Propheten« bezeichnet, ist vielleicht
mit der griechischen Vorstellung von der göttlichen Inspiration der Dichter zu
erklären; natürlich soll das Dichterwort, das sich so gut zur Bekämpfung der Gegner eignet, dadurch aufgewertet werden. Wenn es so um die Häretiker steht, müssen sie grob behandelt werden, um vielleicht doch noch zu gesunden. Ähnlich wie
bei der Exkommunikation des Hymenäus und Alexander (1. Tim 1,20) und bei
der Auseinandersetzung mit Hymenäus und Philetus (2. Tim 2,17–26) hält der
Verfasser eine Umkehr der Irrenden für möglich; die scharfen Kampfmaßnah-
men, die im Blick auf die weitere Kirchengeschichte sicher nicht unproblematisch
sind, zielen also letztlich nicht auf die Vernichtung des Gegners, sondern auf seine
Rettung.

14   Der »gesunde Glaube« lehnt die spekulativen Auslegungen des Alten Testaments, wie sie die Häretiker bieten, ab (vgl. zu 1. Tim 1,4) und auch ihre Men-
schengebote, womit wohl auf die im nächsten Vers angesprochenen Reinheitsvor-
schriften angespielt wird. Daß die Gegner bestimmte asketisch-ritualistische

Forderungen erheben, ist auch in 1. Tim 4,3 belegt. Der Verfasser kann darin nur eine Abkehr von der kirchlich bezeugten Wahrheit sehen (vgl. 2. Tin 4,3 f.).

Die sprichwörtlich gewordene Maxime »dem Reinen ist alles rein« impliziert 15 mehrere theologische Überlegungen. Daß der Christ »rein« wird, ist Wirkung der Taufe, die traditionell als »Bad« bezeichnet wird (vgl. Tit 2,14; 3,5; Eph 5,26; ähnlich Hebr 10,22; Offb 1,5). Daß die rituellen Reinheitsgebote für Christen nicht mehr gelten, ist in der Jesustradition (Mk 7,1-23 par. Mt 15,1-20; Lk 11,41) ebenso verankert wie in paulinischer Theologie (Röm 14,14.20; 1. Kor 10,25 ff.); wo Paulus zur Enthaltung von gewissen Speisen rät, tut er es nicht aus asketischen oder rituellen Motiven, sondern um der brüderlichen Rücksichtnahme auf das Gewissen der Schwachen (Röm 14,20 f.; 15,1; 1. Kor 8,9-13) oder um des christlichen Bekenntnisses willen (1. Kor 10,28).

Die Haltung der Gegner wird als Folge ihrer eigenen moralischen Unreinheit und ihres unreinen Gewissens gebrandmarkt. Damit bleibt die Auseinandersetzung doch an der Oberfläche. Paulus selbst hat im Galaterbrief Gesetzlichkeit als unvereinbar mit der von Christus geschenkten Gnade erwiesen. Der Paulusschüler, der den Kolosserbrief gegen eine ähnliche Form der Irrlehre richtete, wie sie in den Pastoralbriefen bekämpft wird, hat ebenfalls vom Christusereignis her argumentiert (Kol 2,8-23). Da der Verfasser der Pastoralbriefe im Namen des Paulus schreibt, tut man ihm wohl kein Unrecht, wenn man seine Argumentation an Paulus mißt und die hier sichtbar werdende Moralisierung der Theologie beklagt.

Der Anspruch auf besondere Gotteserkenntnis läßt wieder auf eine gnostisie- 16 rende Gegnerschaft schließen. Die Werke der Gegner widerlegen diesen Anspruch in den Augen des Verfassers. Daß Glaube und Tat eng zueinandergehören, ist ein durchaus paulinischer Gedanke. Nur ist für Paulus die Tat immer als Folge des Glaubens zu verstehen; dieses Verhältnis ist nicht umkehrbar. So zeigt sich auch an dieser Stelle eine Akzentverschiebung, die sich in anderen neutestamentlichen Spätschriften ebenso findet (vgl. Jak 2,14 f.; 1. Joh 2,3 f.; 3,6.10; 4,7 f.).

4. Christliche Ständetafel (2,1-10)

1 Du aber verkünde, was der gesunden Lehre angemessen ist.

2 Alte Männer sollen nüchtern sein, ehrbar, besonnen, gesund im Glauben, in der Liebe und in der Geduld.

3 Ebenso die alten Frauen; in ihrer Haltung priesterlich, nicht verleumderisch noch reichlichem Weingenuß verfallen, Lehrmeisterinnen des Guten, 4 damit sie die jungen Frauen dazu anhalten, ihre Männer und ihre Kinder zu lieben, 5 keusch und züchtig zu sein, gute Hausherrinnen, ihren Ehemännern untergeordnet, damit Gottes Wort nicht gelästert werde.

6 Ebenso ermahne die jungen Männer, besonnen zu sein 7 in allem, und zeige dich selbst als Vorbild in guten Werken, 8 in der Lehre unverdorben und ehrenwert, das Wort sei gesund und unangreifbar, damit der Gegner beschämt werde, weil er nichts Schlechtes über uns sagen kann.

9 Die Sklaven sollen sich ihren Herrn unterordnen, sollen (sie) zufriedenstellen und (ihnen) nicht widersprechen, 10 sollen nichts veruntreuen, sondern sich

in allem als zuverlässig und tüchtig erweisen, damit sie der Lehre unseres Rettergottes in allem zur Ehre gereichen.

A   Mit einer den Pastoralbriefen geläufigen Wendung (s. zu 1. Tim 6,11) leitet der
Verfasser von der Polemik gegen die Häretiker zurück zur positiven Darstellung
christlicher Existenz. Die einzelnen Stände in der Gemeinde werden zu untadeli-
ger Lebensweise aufgefordert: alte Männer (V. 2), alte Frauen (V. 3–4a), junge
Frauen (V. 4b–5), junge Männer (V. 6), der Gemeindeleiter (V. 7–8) und zuletzt
die Sklaven (V. 9–10). Diese Form der Belehrung knüpft an die sog. Haustafeln des
Neuen Testaments an, deren älteste in Kol 3,18–4,1 erhalten ist; dort werden sechs
Gruppen des antiken Hauses (Ehemänner, Ehefrauen, Kinder, Väter, Sklaven,
Herren) zu christlichem Verhalten ermahnt. Diese Haustafeltradition, die ihrer-
seits an Formen der ethischen Weisung im außerchristlichen Raum anknüpft,
wird in den Pastoralbriefen nicht mehr auf das Haus ausgerichtet, sondern auf die
Gemeinde. Das ist ganz deutlich auch in 1. Tim 2,1–15 der Fall. Auffällig ist, daß
diese Stände in der Gemeinde nicht mehr direkt angesprochen werden, sondern
durch Titus, d.h. den Gemeindeleiter, ermahnt werden sollen. Das mag mit der
Adresse des Briefes zusammenhängen, ist wohl aber auch ein Indiz dafür, daß das
Amt der Gemeinde gegenüberzutreten beginnt.

B   Im Gegensatz zur Verdorbenheit der Irrlehrer soll der in Titus repräsentierte
1   Gemeindeleiter die »gesunde Lehre« vortragen. Da eine ähnliche Aufforderung an
Titus nochmals am Ende des Kapitels 2 steht, wird man dieses ganze Kapitel als
Darstellung dessen ansehen dürfen, was mit der häufigen Berufung auf »gesunde
Lehre« (1. Tim 1,10; 2. Tim 4,3; Tit 1,9) inhaltlich gemeint ist. Es ist die sittliche
Belehrung der Gemeinde, die schon in dieser jetzigen Welt als Eigentumsvolk
Gottes und des Messias Jesus leben soll und darf.

2   Die von älteren Männern geforderten Tugenden sind ähnlich schon in den
Bischofs- und Diakonenspiegeln aufgelistet: Nüchternheit (1. Tim 3,2.11), Ehrbarkeit (1. Tim 3,8.11), Besonnenheit (1. Tim 3,2; Tit 1,8) und Gesundheit in »Glauben, Liebe und Geduld« (dieselbe Trias, zusammen mit anderen Tugenden, auch
in 1. Tim 6,11).

3–5   Die Mahnung an die alten Frauen, nicht verleumderisch zu sein, bringt eine den
Irrlehrern nachgesagte Untugend (2. Tim 3,3), vor der auch die Diakoninnen
gewarnt werden (1. Tim 3,11); die Warnung vor zu vielem Weingenuß gilt ebenso
den männlichen Amtsträgern (Tit 1,7; 1. Tim 3,3.8). Auffällig ist die Forderung
»priesterlicher Haltung«, womit wohl ähnlich wie in 1. Tim 2,9 eine würdevolle
Haltung gemeint ist. Wenn die älteren Frauen den jüngeren gegenüber als »Lehrmeisterinnen des Guten« auftreten sollen, dürfte damit keine amtliche Funktion
gemeint sein; dies zeigt nicht nur der Blick auf 1. Tim 2,12, wo den Frauen generell
Lehrverbot erteilt wird, sondern auch die inhaltliche Füllung dieses Auftrages.
Die Älteren werden Lehrmeisterinnen dadurch, daß sie die genannten Tugenden
vorbildhaft leben.

Insgesamt folgt der Verfasser ganz und gar dem bürgerlichen Ideal seiner Zeit,
das die Wirksamkeit der Frau auf Haus und Familie beschränkt, und erhofft sich
daraus eine positive Einstellung der Öffentlichkeit gegenüber der christlichen

Gemeinde. Wie schon zu 1. Tim 2,11–15 ausgeführt, steht hinter dieser Haltung zu einem guten Teil die Abwehr gnostischer Bestrebungen. Dennoch ist dieser Ansatz nicht unproblematisch. Dies soll an einem Beispiel gezeigt werden.

Die Forderung, die Frauen sollten sich ihren Männern unterordnen, gehört zur Durchschnittsethik dieser Zeit. Auch die Haustafel des Kolosserbriefes (Kol 3,18) und in ihrem Gefolge der Epheserbrief (Eph 5,22) haben sie übernommen. Im Kolosserbrief jedoch erhält diese Weisung ein der gemäßigt-konservativen Position entsprechendes Gegengewicht durch die Forderung, die Männer sollten ihre Frauen lieben (Kol 3,19). Im Epheserbrief erhält diese Forderung noch größeres Gewicht durch eine christologische Motivierung, die im Kolosserbrief noch fehlt (Eph 5,25 ff.). Im Rahmen des antiken Sozialgefüges wird hier ein Höchstmaß an liebevollem fürsorglichem Miteinanderleben empfohlen, zumal ja der Epheserbrief die ganze Haustafel unter die Überschrift »Ordnet euch einander unter in der Furcht Christi« (Eph 5,21) stellt. Demgegenüber steht der Verfasser der Pastoralbriefe auf der Linie des streng konservativen Patriarchalismus seiner Zeit. Judenchristlich geprägten Gemeinden konnte das einleuchten, weil sie patriarchalisches Denken gewohnt waren; in der Abwehr gegen die für Frauen anscheinend attraktive gnostische Häresie (vgl. das zu 2. Tim 3,6 f. Ausgeführte) mag sich dieses Denken noch verstärkt haben. Sachlich muß man diese situationsbezogene Stellungnahme als Rückschritt hinter die Position des Kolosser- und Epheserbriefes beurteilen.

Die Ermahnung an die jungen Männer zur Selbstbeherrschung in allem ist   6
besonders knapp und unspezifisch formuliert.

Titus wird als Repräsentant der jungen Männer gezeichnet, denen er als Vor-   7–8
bild dienen soll. Ähnliches gilt auch von Timotheus: er ist jung und an ihn werden ähnliche Anforderungen gestellt (1. Tim 4,11 f.); so liegt hier wohl geprägtes Gut vor. Mit diesem typisierenden Zug der Jugendlichkeit von Timotheus und Titus soll wohl die vom Ältestenamt wegführende Tendenz des Verfassers unterstrichen werden. An der Spitze der Liste steht nicht zufällig die Forderung »guter Werke«: Die Forderung der Bewährung des Christseins im Alltag der Welt ist für unsere Briefe grundlegend.

Die Unverdorbenheit der Lehre, das würdevolle Auftreten und das »gesunde Wort« sind als Gegenbild zum Auftreten der Irrlehrer gezeichnet; sie sind wohl mit dem »Gegner« gemeint, der keinen Anlaß zu üblen Nachreden gegen die christliche Gemeinde finden soll.

Die Sklavenregel fordert ebenso wie diejenige in 1. Tim 6,1 f. vor allem uneinge-   9–10
schränkten Gehorsam des Sklaven und steht damit in Übereinstimmung mit der übrigen Haustafeltradition (Kol 3,22–25; Eph 6,5–8; 1. Petr 2,18–21). Nur fehlt hier die in der älteren Tradition vorhandene Ermahnung an die Sklavenhalter zu einem christlich verantwortlichen Verhalten (Kol 4,1; Eph 6,9). Daß christliche Sklaven durch ihr einwandfreies Verhalten nach außen einen positiven Eindruck machen, genügt als Motivierung dieser extrem konservativen Einstellung. Die Gefahr, daß das Christentum somit letztlich zur Stabilisierung antiker Sozialverhältnisse beiträgt, ohne sie geistlich zu durchdringen, wird man wie schon in der Ermahnung an die Frauen deutlich erkennen müssen.

5. Die Grundlage christlichen Verhaltens in der Heilsverkündigung (2,11-15)

11 Denn erschienen ist die Gnade Gottes, die heilbringend ist für alle Menschen, 12 die uns erzieht, nach Absage an die Gottlosigkeit und an die weltlichen Gelüste besonnen, gerecht und fromm in der jetzigen Welt zu leben, 13 in der Erwartung auf die selige Hoffnung und die Erscheinung der Herrlichkeit des großen Gottes und unseres Retters Christus Jesus, 14 der sich für uns gegeben hat, um uns von aller Ungesetzlichkeit zu erlösen und sich ein zum Eigentum bestimmtes Volk zu reinigen, das eifrig ist in guten Werken. 15 Solches rede und mahne und weise zurecht mit allem Nachdruck; keiner soll dich mißachten.

Vers 14: *vgl. Ps 130,8 (LXX); Ez 37,23; 2. Mose 19,5; 5. Mose 7,6; 14,3.*

A   Die Verse 11-15 begründen die in den Versen 2-10 erhobene Forderung eines angemessenen Lebenswandels mit dem göttlichen Heilshandeln. Dabei bedient sich der Verfasser in Vers 14 wahrscheinlich einer vorgegebenen judenchristlichen Formel, die die Heilsbedeutung des Todes Jesu mit alttestamentlichen Wendungen aussagt. Die Tatsache, daß in den Pastoralbriefen relativ wenig Alttestamentliches zu finden ist, spricht für diese Annahme ebenso wie ein Vergleich mit 1. Petr 1,13-19; 2,9 f. Aber diese alte Überlieferung wird vom Verfasser in einen »modernen« Rahmen gestellt. Die Begrifflichkeit der Verse 11-13 (Epiphanie, Erscheinen, Retter) ist in der zeitgenössischen politischen Religion des Kaiserkultes sehr verbreitet; »erziehen« ist ein Stichwort griechischer Kultur schlechthin, und die Formulierung des Erziehungszieles, »besonnen, gerecht und fromm« zu leben, ist durch und durch griechisch formuliert.

Die formelhafte Anweisung an Titus Vers 15 läßt zusammen mit Vers 1 das ganze Kapitel als geschlossene Einheit erscheinen und leitet zum nächsten Abschnitt über, der in derselben Weise aufgebaut ist: auf die Mahnung 3,1-2 folgt eine begründende Heilsverkündigung 3,3-8.

B   Daß christlicher Glaube sich im Alltag der Welt auswirken soll und kann, ist
11 begründet in der Tatsache, daß er sich nicht auf eine Idee bezieht, sondern auf das geschichtlich faßbare Eingreifen Gottes im Weg und Werk Jesu Christi. »Erschienen ist die Gnade Gottes«: das ist der Indikativ, der die Basis für alle vorhergehenden Imperative bildet. Mit dieser Zuordnung von Glaube und Tat unterscheiden sich die Pastoralbriefe von den Philosophen, die an die moralische Kraft des Menschen appellieren, ebenso wie von den Gnostikern, die die materielle Welt als etwas Minderwertiges oder gar Schlechtes ansehen und daher zur Weltflucht neigen. Die in Jesus Christus erschienene Gnade Gottes bedeutet Heil für alle. Das ist ein grundlegendes paulinisches Anliegen, das die Pastoralbriefe in einer veränderten Situation wieder geltend machen. Mußte Paulus begründen, daß nicht nur Juden, sondern auch die Heiden in das vom Gott Israels gestiftete Heil einbezogen werden, so müssen die Pastoralbriefe den universalen Heilswillen Gottes gegen den gnostischen Determinismus verteidigen (s. zu 1. Tim 2,4-6).

12 Die sich der rettenden und erziehenden Gnade Gottes anvertrauen, haben eine Absage an Gottlosigkeit und weltliche Begierden vollzogen. Damit wird auf die

Taufe angespielt, die einen Wandel der heillosen menschlichen Situation besiegelt (vgl. Tit 3,3-7; Eph 2,1-10; 4,17-24; 5,8 f.; Kol 3,5-10). Die Gnade Gottes hat aber auch eine erziehende Wirkung. Damit fällt ein für griechisches Denken ungemein wichtiges Stichwort. Der Erziehungsgedanke (Paideia) der Griechen geht davon aus, daß der Mensch zu seiner wahren Form, dem eigentlichen Menschsein, nur durch Bildung im weitesten Sinn dieses Wortes komme. Dieses autonome menschliche Ideal wird hier gleichsam theonom umgeprägt. Die rettende Gnade Gottes handelt formend am Menschen. Sie erzieht ihn zu einer besonnenen, gerechten und frommen Lebensweise. Diese drei Tugendbegriffe stammen aus der hellenistischen Ethik; sie erinnern an die Kardinaltugenden. Philo belegt, daß sie auch schon in das griechischsprechende Judentum übernommen wurden, um das Ideal des tugendhaften Lebens zu umschreiben.

Die Begriffsverbindung »erziehende Gnade« ist singulär im Neuen Testament. Für Paulus ist die Rede von der Gnade Gottes grundlegend. Im Galaterbrief führt er aus, daß das judenchristliche Beharren auf dem Gesetz die Gnade Gottes zunichte macht (Gal 2,21; 5,4). Im Römerbrief ist der Gegenbegriff zu Gnade die Macht der Sünde (Röm 5,15-21). Aber Paulus selbst muß sich schon mit der Frage auseinandersetzen, ob denn die göttliche Gnade den Menschen von der ethischen Verantwortung entbinde (Röm 6,1.15). Paulus verneint dies, da der Christ in der Taufe ein für allemal der Sünde gestorben ist und nunmehr für Gott lebt. Zeigt sich so bei Paulus selbst ein noch tieferes Verständnis von der göttlichen Gnade, so gibt es doch auch Anknüpfungspunkte für das Verständnis der Gnade als einer das tägliche Leben formenden Kraft. In 2. Kor 1,12 kann Paulus die Lauterkeit seines Lebenswandels der Gnade Gottes zuschreiben. In 2. Kor 6,1 kann Paulus die Korinther warnen, die Gnade Gottes nicht vergeblich zu empfangen, wenn sie nämlich nicht die Konsequenzen des Heilsgeschehens für die Lebensführung mit übernähmen. Wie Paulus aber an sich selbst darstellt, gehören dazu nicht nur Tugenden wie Lauterkeit, Langmut, Güte und Liebe, sondern auch Ehre und Schande, Lästerung und Lobrede (2. Kor 6,6-8). Das Leben unter der Gnade Gottes orientiert sich nach Paulus also nicht unbedingt an menschlichen Wertvorstellungen, sowenig es diese ausschließt.

Christliche Existenz ist aber nicht nur durch die vollzogene Absage an die Begierden und das Streben nach Tugend gekennzeichnet, sondern auch durch das warten auf die »selige Hoffnung«, d.h. durch ein in der Zukunft liegendes Ziel. Diese Hoffnung richtet sich auf die Erscheinung (epiphaneia) des »großen Gottes« und des Retters Christus Jesus. Hier ist eine umstrittene Auslegungsfrage zu erwähnen: Da im griechischen Text die Nennung des Retters Christus Jesus ohne Artikel steht, wird die grammatikalisch mögliche Auffassung vertreten, es seien nicht zwei Subjekte genannt, sondern nur eines, nämlich »der große Gott und Retter Christus Jesus«. Aufgrund der judenchristlichen Prägung der Christologie unserer Briefe ist es aber unwahrscheinlich, daß Christus hier als »großer Gott« bezeichnet wird, zumal diese Bezeichnung an die hellenistischen Gottesprädikate in 1. Tim 6,15 f. erinnert. Dort ist zwar ebenfalls von der Erscheinung Jesu Christi die Rede, aber es wird auch klar zwischen Gott und Christus getrennt, wobei man das Verhältnis beider im Sinne der späteren Dogmengeschichte als subordinatianisch bezeichnen könnte (d.h. der Sohn ist und bleibt dem Vater untergeordnet). Auch in 2. Tim 4,1 und 1. Tim 5,21 stehen Gott und Christus Jesus nebeneinander. Die Endereignisse sind rettendes Eingreifen Gottes und seines Messias Jesus zugunsten der Christenschar, die von der ersten Epiphanie her auf die zweite hin ihr Leben unter der erziehenden Gnade Gottes führt.

14   Die Begründung, warum Jesus Christus als Retter und damit als Verkörperung der rettenden Gnade Gottes geglaubt wird, wird mit Hilfe einer überlieferten Formel gegeben, die von der Heilsbedeutung des Todes Jesu spricht (vgl. Röm 8,32; Gal 1,4; 2,20; Eph 5,2.25; 1. Tim 2,6). Solche Deutung ist aus der Jesusüberlieferung, insbesondere der Abendmahlsüberlieferung, entwickelt worden (Mk 10,45; Lk 22,19f.; 1. Kor 11,23). Das Ziel der Selbsthingabe Jesu wird mit zwei geprägten Wendungen angegeben: Jesu Tod erlöst von jeglicher Gesetzlosigkeit (Ps 130,8 LXX; Ez 37,23) und reinigt Menschen, so daß sie Gottes Eigentumsvolk werden können (vgl. 2. Mose 19,5; 5. Mose 7,6; 14,2). Daß der Tod Jesu den Glaubenden »Erlösung« bringt, ist in der urchristlichen Tradition ebenso breit bezeugt (Röm 3,24f.; 8,23; Eph 1,7; Hebr 9,12.15; 1. Petr 1,18f.) wie die Vorstellung einer alle kultischen Praktiken übersteigenden »Reinigung« (Hebr 9,14.18-28; 1. Joh 1,7-9; Offb 7,14).

Dem praktischen Zug unseres Briefverfassers entspricht es, daß er die überlieferte Formel zuspitzt auf die Bestimmung des neuen Gottesvolkes zu »guten Werken«. Damit hat er in seiner Begrifflichkeit (vgl. 1. Tim 5,10.25; 3,17; Tit 2,7; 3,1.8) etwas ausgesagt, was schon in den alttestamentlichen Gottesvolkaussagen angelegt war, nämlich daß die Zugehörigkeit zu Jahwe besondere Verpflichtungen einschließt. Die Gnade Gottes, die in Christus Jesus erschienen ist, und die erlösende Hingabe Jesu Christi sind Basis und Impuls des neuen Seins.

15   Der Verfasser lenkt zum brieflichen Rahmen zurück. Der in Titus repräsentierte Gemeindeleiter soll diese paulinische Lehre mit voller Autorität vortragen.

6. Christliches Verhalten als Spiegel der Güte Gottes (3,1-7)

1 Erinnere sie daran, den Mächten (und) Gewalten sich unterzuordnen, gehorsam zu sein, zu jedem guten Werk bereit zu sein,   2 niemanden zu lästern, nicht streitsüchtig zu sein, sanftmütig, gegen alle Menschen alle Freundlichkeit an den Tag zu legen.   3 Denn einst waren ja auch wir unverständig, ungehorsam, irrend, Knechte mannigfaltiger Begierden und Lüste, verbrachten unser Leben in Bosheit und Neid, verabscheuungswürdig und von Haß gegeneinander erfüllt.
4 Als aber die Güte und Menschenliebe unseres Rettergottes erschien,   5 da hat er uns nicht aufgrund von Werken der Gerechtigkeit, die wir vollbrachten, sondern nach seinem Erbarmen gerettet durch das Bad der Wiedergeburt und Erneuerung des Heiligen Geistes,   6 den er über uns in reichem Maße ausgegossen hat durch Jesus Christus, unseren Retter,   7 damit wir, durch seine Gnade gerechtfertigt, Erben würden gemäß der Hoffnung auf ewiges Leben.

A   Dieser Abschnitt besitzt denselben Aufbau wie das vorhergehende Kapitel: Er beginnt mit Mahnungen zu christlichem Verhalten, die dann aus dem Heils-

geschehen in Christus begründet werden. Geht es in Kapitel 2 eher um Individual-
ethik, so in Kapitel 3 um Sozialethik.

Im einzelnen greift der Verfasser vielfach auf überkommenes Gut zurück.

Die Forderung nach Loyalität gegenüber den staatlichen Behörden ist in Röm
13,1-7 und 1. Petr 2,13-17 im Christentum vor und neben den Pastoralbriefen vertreten worden. Paulus, der 1. Petrusbrief und der Verfasser unseres Briefes fußen
auf alttestamentlich-jüdischer Überlieferung. So lesen wir in Spr 24,21 die Mahnung: »Fürchte Gott, mein Sohn, und den König, gegen beide empöre dich nicht!«
und im 3. Makkabäerbuch die Feststellung: »Die Juden bewahrten aber stets gute
Gesinnung und unwandelbare Treue gegen die Könige« (3,3). Der der Begründung
des gegenüber der Umwelt geforderten mitmenschlichen Verhaltens dienende
Abschnitt Vers 4-7 zeigt eine den Pastoralbriefen teilweise fremde Begrifflichkeit
(Werke in Gerechtigkeit, Rechtfertigen, Bad der Wiedergeburt, Erneuerung, Ausgießung des Heiligen Geistes). Diese Begriffe finden sich in vergleichbaren Zusammenhängen auch in anderen Briefen des Neuen Testaments (1. Kor 6, 9-11; Eph
2,1-10; 1. Petr 1,3f.). So steht im Hintergrund dieses Abschnittes sicher eine Überlieferung, worauf auch die überleitende Formel »zuverlässig ist das Wort« des Verses 8 hinweist. Andererseits finden wir auch die für den Verfasser unserer Briefe
charakteristischen Anklänge an die zeitgenössische Kultsprache (Retter, Erscheinen, Menschenfreundlichkeit), so daß man davon ausgehen kann, der Verfasser
habe sich die überkommene Überlieferung ganz und gar angeeignet.

Die Verknüpfung der beiden Abschnitte durch den Vers 3 greift ebenfalls auf
ein im Urchristentum verbreitetes Predigtschema zurück. Der Kontrast zwischen
Einst und Jetzt wird oft in paränetischen Zusammenhängen beschworen, um die
Gemeinde an die bleibende Aufgabe zu erinnern, den mit dem Christwerden ver-
bundenen Existenzwandel festzuhalten (1. Kor 6,9-11; Kol 3,7f.; Eph 4,17-24;
1. Petr 1,14-21).

Aus solchen traditionellen Vorgaben hat der Verfasser unseres Briefes einen
höchst eindrucksvollen Gedankengang geprägt: Weil Christen aus aller Heillosig-
keit der Welt allein durch die »Güte und Menschenfreundlichkeit Gottes« gerettet
worden sind, soll ihr Verhalten gegenüber der nichtchristlichen Umwelt eben
diese Güte und Menschfreundlichkeit Gottes widerspiegeln.

An der Spitze der neuen Paränese steht die Aufforderung zur Unterordnung B
unter die politischen Machthaber. Zu Recht wird wohl vorausgesetzt, daß solche 1
Mahnung den Lesern bekannt sei, sei es aus frühjüdischer oder urchristlicher
Überlieferung (vgl. zu 1. Tim 2,2). Die Forderung, zu jedem guten Werk bereit zu
sein, könnte durchaus in den Zusammenhang der Loyalitätsforderung gegenüber
dem Staat gehören, da der Staat in diesen paränetischen Texten in der Regel ganz
unreflektiert als Schützer des Rechtes und Wahrer der guten Ordnung gesehen
wird (vgl. Röm 13,3; 1. Petr 2,14). Der Christ soll also nicht nur gehorchen, sondern zu aktiver Kooperation bereit sein. Angesichts der Formelhaftigkeit der
Wendung (vgl. 2. Tim 2,21; 3,17) wäre es wahrscheinlich eine Überforderung des
Textes, hier ein Widerstandsrecht impliziert zu sehen. In paränetischer Überlieferung wird eben nur der Normalfall bedacht, nicht die Konfliktsituation.

2   Die drei anschließenden Forderungen wollen zur Toleranz gegen die nicht-christliche Umwelt anleiten. Die Weisung, die heidnischen Mitmenschen nicht zu schmähen oder zu verunglimpfen, entspricht urchristlicher Tradition (Röm 12,14; 1 Petr 3,9). Vielleicht steht im Hintergrund die bei Philo und Josephus aufgrund von 2. Mose 22,27 LXX wiederholt vorgetragene Forderung, heidnische Gottheiten dürften nicht gelästert werden (Philo, spec. leg 1,53; vit. Moys 2,205; Jos. ant. Iud. 4,207; c. Ap. 2,33). Friedfertigkeit und Güte werden auch vom Bischof verlangt (1. Tim 3,3), sind also grundlegende christliche Eigenschaften. Die gegenüber den heidnischen Mitbürgern geforderte Haltung besteht somit nicht nur im Verzicht auf Überheblichkeit und Aggressionen, sondern im Bemühen um positive zwischenmenschliche Verhaltensweisen.

3   Die Begründung dafür liegt in der Tatsache, daß die Christen einst in derselben unheilvollen Situation lebten wie ihre (noch) heidnischen Mitbürger, einer Situation, aus der sie einzig und allein das Erbarmen Gottes gerettet hat.

Inkatalogartiger Weise werden Merkmale des heidnischen Lebens aufgezählt: Unwissenheit, Drang nach Selbstverwirklichung und Lebensgenuß, heillos gestörte zwischenmenschliche Beziehungen. Dieser Lasterkatalog wird nicht angeführt, um nun die Nichtchristen doch noch zu verunglimpfen, sondern um die Christen an die tiefe Verlorenheit ihrer eigenen früheren Existenz zu erinnern.

4   Aus dieser Verlorenheit hat sie einzig und allein die Güte und Menschenfreundlichkeit Gottes gerettet, die in Weg und Werk Jesu Christi sichtbar geworden ist. Dadurch wird die Mahnung zu mitmenschlichem Verhalten zuletzt und zutiefst begründet.

Während auch Paulus das heilvolle Tun Gottes als Folge seiner »Güte« bezeichnen kann (Röm 2,4; 11,22; vgl. Eph 2,7), wird der Begriff »Menschenfreundlichkeit« im Neuen Testament nur an dieser Stelle auf Gott angewendet. Im griechischsprechenden Judentum (Philo, Josephus) wird philanthropia nur selten als Wesensaussage Gottes verwendet, häufig dagegen als menschliche Tugend; in der heidnischen Umwelt wird von der Menschenfreundlichkeit von Göttern und Heroen, Weisen und Herrschern gesprochen. Güte und Menschenfreundlichkeit stehen — wiederum bei Philo und Josephus — nebeneinander, um menschliche und speziell herrscherliche Tugend zu charakterisieren.

Wenn es heißt, Güte und Menschenfreundlichkeit Gottes seien »erschienen«, erinnert der Verfasser mit dieser verbalen Wendung an die häufigeren Aussagen über die »Erscheinung« (epiphaneia) Jesu Christi. Wie in 2,11 und in 2. Tim 1,10 wird damit das ganze Heilsgeschehen gemeint sein, während an anderen Stellen vornehmlich vom künftigen Erscheinen zum Gericht die Rede ist (1. Tim 6,14; 2. Tim 4,1.8; Tit 2,13). Es wäre eine unangemessene Verengung, wenn man mit der Epiphanie nur die Menschwerdung meinte.

5-6   Der Zugang zu diesem von Gott bereiteten Heil ist bereits eröffnet und zwar in der Taufe. Darauf verweist die verbreitete Metaphorik des »Bades« (vgl. Eph 5,26; Justin, 1. Apologie 61,3; 66,1) und des Waschens (1. Kor 6,11; Apg 22,16; Hebr 10,22). Auch andere neutestamentliche Spätschriften (1. Petr 1,3.23; Joh 3,3ff.) und Kirchenväter des 2. Jahrhunderts (Justin, 1. Apologie 61,3.10; 66,1; Dialogus 138,2; Tatian, Oratio 5,3) bezeichnen die Wirkung der Taufe als Wiedergeburt. Damit dürfte ein Interpretament aus der Umwelt aufgenommen worden sein. Der Initiationsritus der Isismysterien symbolisiert jedenfalls nach dem heidnischen Schriftsteller Apuleius aus der Mitte des 2. Jahrhunderts nach Christus einen »freiwilligen Tod«, aus welchem der Myste durch die Fürsorge der Göttin als »gleichsam Wiedergeborener« herausgeholt wird, um auf einen »Lebensweg neuen Heils« gestellt zu werden. Die Sache freilich ist schon bei Paulus vorhanden: »Ist jemand in Christus, so ist er eine neue Schöpfung; das Alte ist vergangen, siehe, Neues ist geworden« (2. Kor 5,17; vgl. Gal 6,15). Paulus charakterisiert hier christliche Existenz mit Hilfe der apokalyptischen Erwartung einer kosmischen Neuschöpfung, die er in der Gemeinde des auferstandenen Christus bereits im Anbruch wußte.

Sodann wird die Taufe näher bestimmt als durch den Heiligen Geist bewirkte Erneuerung. Daß die Taufe den Geist vermittelt, ist älteste urchristliche Glaubensaussage (vgl. zu 1. Kor 6,11; 12,13; 2. Kor 1,21 f.). Das Bild von der Ausgießung des Geistes erinnert an das Prophetenwort Joel 3,1, dessen Erfüllung in Apg 2,17 f. 33 erzählt wird. Diese für die Endzeit verheißene Gabe Gottes ist in der Gemeinde des Auferstandenen in reichem Maße vorhanden, womit die Endgültigkeit der Erfüllung betont erscheint. Daß Gott den Geist durch Jesus Christus ausgegossen hat, zeigt, daß für die Theologie des Verfassers der Heilswille Gottes und das Heilswerk Jesu Christi unauflöslich verbunden sind. Die Pastoralbriefe betonen zwar oft das souveräne Handeln Gottes, aber sie binden dessen Verwirklichung an Jesus Christus, den »Mittler« (1. Tim 2,5), der ebenso wie Gott auch als »Retter« prädiziert wird. Daß der Heilige Geist Erneuerung bewirkt, ist wieder ein paulinisches Stichwort; es dient dem Apostel als Vorzeichen der Paränese in Römer 12. Von der erneuerten Vernunft erwartet Paulus, sie könne prüfen, welches der jeweils zu erfüllende Wille Gottes sei.

Wenn die Christen Wiedergeborene und Erneuerte sind, so ist das nicht Folge ihrer gerechten Werke. Diese auch in 2. Tim 1,9 an hervorgehobener Stelle stehende Antithese erinnert an zentrale paulinische Aussagen (Gal 2,16; 3.2.5; Röm 3,28; 9,12; 11,6; vgl. Eph 2,9). Eine nicht uncharakteristische Akzentverschiebung gegenüber Paulus liegt darin, daß sich die Antithese hier gegen Werke in menschlicher Gerechtigkeit richtet, während Paulus sie gegen Werke des (alttestamentlichen) Gesetzes richtet. Diese paulinische Frontstellung ist in der dritten urchristlichen Generation nicht mehr vorherrschend. Die Ablehnung jeder menschlichen Vorleistung für das Heil bleibt aber durch und durch paulinisch. Ursache des Heils ist das Erbarmen Gottes, auch dies ein paulinischer Gedanke (Röm 11,28-32; 15,9). Auch in anderen Schriften, die in der Wirkungsgeschichte des Paulus stehen, wird das heilsgeschichtlich-endzeitliche Handeln Gottes vom Erbarmen Gottes bestimmt gesehen (Eph 2,4; 1. Petr 1,3; 2,10).

Die Wirkung der Taufe ist die Rechtfertigung, d.h. Gerechtsprechung im 7 Gericht Gottes — auch dies wird in Übereinstimmung mit Paulus gesagt (1. Kor 6,11; 1,30). Die Wendung »durch seine Gnade gerechtfertigt« ist ganz paulinisch (Röm 3,24, vgl. 4,16; 5,1 f.); allerdings verbindet Paulus die Rechtfertigung an diesen Stellen mit dem Glauben, nicht mit der Taufe. Doch darf man daraus keinen Gegensatz konstruieren; in Gal 3,26-28 stellte Paulus Glaube und Taufe ganz eng nebeneinander. Durch diese Zusammenordnung von Glaube und Taufe soll wohl einem magischen Mißverständnis der Taufe, wie es nach 1. Kor 10,1 f. in Korinth aufgekommen zu sein scheint, gewehrt werden. Die Pastoralbriefe haben es bei der wahrscheinlich schon vor Paulus gelehrten Zuordnung von Taufe und Rechtfertigung belassen.

Die Vorstellung, daß die mit dem Heiligen Geist Beschenkten »Erben« seien, ist ebenfalls bei Paulus zu finden (Gal 4,7; Röm 8,17). Der sich im Christusgeschehen verwirklichende Heilswille Gottes darf nicht von seinem Zukunftsaspekt gelöst werden. Daher fügt der Verfasser die bereits in 1,2 gebrauchte Wendung »Hoffnung auf ewiges Leben« an. Die Umschreibung des Heilszieles als »ewiges Leben« ist ebenso paulinisch (Gal 6,8; Röm 2,7; 5,21; 6,22 f.) wie allgemein urchristlich (Mk 10,17.30; Joh 3,15 f.; 4,14; 5,24; 6,40.47.54 u.ö.; 1. Joh 1,2; 2,25 u.ö.).

So zeigt sich, daß die theologische Grundlage der Pastoralbriefe mit Paulus übereinstimmt: Heil wird dem Heillosen durch die in Jesus Christus zutage getretene Gnade geschenkt; diese Heilszusage ist Grundlage der ethischen Forderung. Gewisse Zuspitzungen, die Paulus dieser Grundthese gegeben hat, fehlen jedoch in den Pastoralbriefen. So zeichnen sie zwar ein durchaus realistisches Bild von der Condition humaine, übernehmen aber die apokalyptische Vorstellung von der Versklavung des Menschen unter die Macht der Sünde nicht. Daher sehen sie die Gegenwart vielleicht etwas zu unproblematisch als Heilszeit: Er hat uns gerettet, heißt es in unserem Text, während Paulus sagt, »auf Hoffnung sind wir gerettet« (Röm 8,24). Während die Pastoralbriefe die Gegenwart als Zeit der »erziehenden Gnade« ansehen, ist sie für Paulus die Zeit der letzten Auseinandersetzung mit den widergöttlichen Mächten (1. Kor 15,24 f.). Nach den Pastoralbriefen wird das Heil in der Taufe angeeignet, für Paulus ist dies nur ein Aspekt neben dem Glauben.

7. Letzte Weisungen an den Gemeindeleiter (3,8–11)

8 Zuverlässig ist das Wort, und ich will, daß du darüber nachdrücklich Zeugnis ablegst, damit diejenigen, welche im Glauben an Gott stehen, darauf bedacht seien, sich in guten Werken hervorzutun. Dies ist gut und nützlich für die Menschen. 9 Törichte Grübeleien und Genealogien, Hader und Streitereien um das Gesetz meide; sie sind nämlich nutzlos und eitel. 10 Einen ketzerischen Menschen weise ab nach einer und der zweiten Zurechtweisung; 11 du weißt ja, daß ein solcher (Mensch) verkehrt ist und sündigt, wobei er sich selbst das Urteil spricht.

A   Zwei Weisungen erhält der in Titus repräsentierte Gemeindeleiter: Er soll sich nachdrücklich für die paulinische Verkündigung im Sinne der zitierten Überlieferung einsetzen (V. 8), die Irrlehrer und ihre Spekulationen soll er abweisen (V. 9–11).

Der Abschnitt ist sprachlich und sachlich ganz vom Verfasser des Briefes geprägt. Für das Verfahren der Kirchenzucht gibt es im hellenistisch-judenchristlichen Raum eine Analogie (Mt 18,15 ff.), ohne daß ein direkter Zusammenhang erkennbar wäre.

Die Beteuerungsformel »Zuverlässig ist das Wort« unterstreicht die Bedeutung B
der vorhergehenden Ausführungen und leitet zu der autoritativen Anordnung 8
über, dieses Kerygma mit Nachdruck zu bezeugen. Nur diese Art der Verkündigung führt zu »guten Werken«, d.h. zu christlicher Lebensführung, die den Mitmenschen in einer heillosen Welt Gutes erweist und damit die Güte Gottes wei-
terreicht. Die Aufforderung, Christen sollten darauf bedacht sein, sich in guten
Werken hervorzutun, könnte dahin verstanden werden, daß nicht nur vorgege-
bene Weisungen befolgt, sondern auch eigene Initiativen zum Tun des Guten und
Nützlichen ergriffen werden. Es ist zu beachten, daß die Werke trotz des großen
Gewichtes, das sie in unseren Briefen erhalten, nicht im Sinne späterer Fehlent-
wicklungen als verdienstlich angesehen werden. Die paulinische Rede von der
»Frucht des Geistes« (Gal 5,22) ist eindeutiger; in V. 14 klingt sie an.

Während die kirchliche Verkündigung zu praktischem Christentum führt, ist
die Irrlehre töricht, eitel und nutzlos. Sie produziert nur mehr oder weniger fragwürdige Theorien, mit den Worten von 1,16: sie behauptet Gott zu kennen,
verleugnet ihn aber durch ihr Tun! Dies ist nicht nur ein Klischee zur Ketzer-
bekämpfung, sondern signalisiert tatsächlich ein Defizit, das im dualistischen
Ansatz des gnostischen Denkens begründet liegt, demzufolge alles, was mit
Irdisch-Materiellem zu tun hat, minderwertig ist.

Die Stichworte, mit denen die Irrlehre charakterisiert wird, sind nicht neu und 9
weisen auf ein gnostisierendes Judenchristentum hin:
»Grübeleien« (vgl. 1. Tim 1,4; 6,4; 2. Tim 2,23) und »Genealogien« (vgl. 1. Tim
1,4) erinnern an gnostische Spekulationen über die Himmelswelt, »Zank- und
Streitereien über das Gesetz« (vgl. 1. Tim 1,8 f.; Tit 1,14) weisen auf das jüdische
Element im gegnerischen Denken hin. All' das wird abgelehnt, weil es mit der
paulinischen Überlieferung nicht übereinstimmt; dieselbe apodiktische Art der
Auseinandersetzung begegnet in den Briefen an Timotheus (1. Tim 4,7; 6,20;
2. Tim 2,14.24).

Dementsprechend soll sich der Gemeindeleiter auch gegenüber den Vertretern 10
der Irrlehre verhalten. Eine sachliche Auseinandersetzung mit den Irrlehrern hält
der Verfasser nicht für geraten; er fordert vielmehr disziplinarisches Vorgehen
gegen sie. Nach maximal zwei Zurechtweisungen soll der Häretiker »abgewiesen«, d.h. aus der Gemeinde ausgeschlossen werden.

Die erstmals hier auftretende Bezeichnung »Häretiker« (hairetikos anthrōpos)
meint ursprünglich einen Menschen, der eine (gute) Wahl trifft. Das zugehörige
Substantiv hairesis bezeichnet die Wahl, dann die Philosophenschule oder eine
besondere Schulrichtung; schon Paulus gebraucht es in negativem Sinne (1. Kor
11,19; Gal 5,20).

Mit großer Schroffheit wird die Verkehrtheit und Sünde des Häretikers, der 11
sich der kirchlichen Zurechtweisung nicht beugt, konstatiert. Er hat sich selbst
das Urteil gesprochen, das heißt doch wohl, daß er seine Verurteilung im Endgericht bereits jetzt vorweggenommen hat.

Wenn diese Sätze als allgemein-zeitlose Lehre betrachtet werden, liefern sie die
Basis für Inquisition und Scheiterhaufen. Aber sie sind ja in eine konkrete Situation hineingesprochen und wollen eine eindeutige Abgrenzung gegen eine Irr-

lehre vollziehen, unter deren Vorzeichen sich die Rede von Gott, Welt Mensch, Christus und Heil völlig verändert. Das Recht zu solcher Abgrenzung sollte man der Kirche von damals nicht bestreiten. Daß die spätere Kirche sich die Auseinandersetzung mit abweichenden theologischen Meinungen oft zu leicht gemacht hat, ist nicht dem Verfasser der Pastoralbriefe anzulasten.

8. Persönliche Mitteilungen; Grüße; Gnadenwunsch (3,12-15)

12 Wenn ich Artemas oder Tychikus zu dir schicke, dann beeile dich, zu mir nach Nikopolis zu kommen, ich habe mich nämlich dazu entschlossen, dort den Winter zu verbringen. 13 Statte Zenas, den Juristen, und Apollos gut für die Reise aus, damit ihnen nichts fehlt. 14 Aber auch die Unsrigen sollen lernen, sich in guten Werken hervorzutun im Blick auf die notwendigen Bedürfnisse, damit sie nicht ohne Frucht sind. 15 Es grüßen dich alle, die bei mir sind. Grüße die, die uns im Glauben lieben. Die Gnade sei mit euch allen.

A   Das Schreiben erhält einen Abschluß mit persönlich und konkret wirkenden Mitteilungen (V. 12-13), Grüßen (14a) und einem auffälligerweise im Plural formulierten Gnadenwunsch.

In größter Knappheit finden sich damit Elemente, die ausführlicher im Eschatokoll des Römer- und des 1. Korintherbriefes vorhanden sind:

Reisepläne des Apostels: 1. Kor 16,10ff.; Röm 15,22ff.

Persönliche Instruktionen: 1. Kor 16,10ff.

Empfehlungen anderer: 1. Kor 16,15ff.; Röm 16,1f.

Grüße: 1. Kor 16,19ff.; Röm 16,3ff.

Gnadenwunsch: 1. Kor 16,23; Röm 16,20

So zeigt sich unser Briefschluß deutlich als formal an das paulinische Formular angelehnt.

B   Der briefliche Abschluß beginnt mit Personalnotizen. Paulus beabsichtigt, sein
12 Winterquartier in Nikopolis aufzuschlagen, Artemas oder Tychikus nach Kreta zu schicken und dafür Titus zu sich zu holen. Dieses auf den ersten Blick so lebensvoll wirkende Bild hat jedoch eine Reihe von Unschärfen. Aus der Zeit des Paulus sind sieben Orte namens Nikopolis belegt: nach Meinung vieler Kommentatoren wäre das am adriatischen Meer gelegene Nikopolis in Epirus der geeignetste Ort für ein Winterquartier, aber der Text gibt darauf keinen Hinweis. Tychikus und Artemas werden in den unbestrittenen Paulusbriefen nie genannt; Artemas wird auch sonst im NT nirgends erwähnt, Tychikus dagegen in mehreren nachpaulinischen Schriften (2. Tim 4,12; Eph 6,21; Kol 4,7; Apg 20,4f.). So muß mit der Möglichkeit gerechnet werden, daß diese Angaben den Sachverhalt veranschaulichen sollen, daß Boten kommen und gehen, aber die Botschaft bleibt. Für ein rein historisches Verständnis unerklärlich wäre schließlich die Tatsache der schnellen Abberufung des Titus. Paulus hatte Titus zurückgelassen, damit er in allen Orten Kretas Presbyter einsetzte, die Gemeinden konsolidiere und die Irrlehrer zurechtweise.

Der Brief gibt Titus die dazu nötigen Instruktionen; aber am Ende dieses Briefes wird er zurückbeordert — hier besteht doch ein Mißverhältnis zwischen Anfang und Schluß des Briefes.

Auch die Zenas und Apollos betreffende Anweisung macht Schwierigkeiten. 13-14
Zenas, der Jurist, ist dem NT sonst unbekannt; Apollos könnte mit jenem alexandrinischen Judenchristen, der in Ephesus (Apg 18,24 ff.) und Korinth (Apg 19,1; 1. Kor 1,12; 3,4 ff. u.ö.) gewirkt hat, identisch sein. Allerdings wird nirgends der Eindruck erweckt, Apollos sei Mitarbeiter des Paulus gewesen; 1. Kor 16,12 spricht eher gegen eine solche Annahme. Damit wird die Identität des hier genannten Apollos unsicher.

Auch das unvermittelte Auftreten beider ist unklar. Manche wollen sie als Überbringer des Briefes an Titus verstehen, aber bedarf es zweier Briefboten, deren einer Jurist ist? So könnte man sie sich eher als wandernde Evangelisten vorstellen, die es seit den Tagen der Jüngeraussendung durch Jesus (Mt 10,5f.; Lk 9,1ff.; 10,2ff.) bis zum Ausgang des 1. Jh. n. Chr. (Did 11-15) gab. Die Mahnung an alle Christen (»die Unsrigen«), sich in guten Werken hervorzutun, erscheint als Verallgemeinerung der vorher gegebenen Weisung, Zenas und Apollos zu unterstützen. Wenn es sich somit um einen wiederholbaren Fall, nicht um einen einmaligen wie den der Briefbestellung, handelt, wird die Erklärung, Zenas und Apollos seien Wandermissionare gewesen, gestützt.

Dann könnte man hinter V. 13-14 ein Problem sehen, das im 3. Johannesbrief deutlicher zutage tritt: den Konflikt zwischen der alten Institution der Wandermissionare und dem gemeindeleitenden Amt. Der Verfasser des 3. Joh ist Haupt einer Gruppe von Wanderpredigern, denen der Leiter einer Ortsgemeinde, ein gewisser Diotrephes, Aufnahme verweigert, wobei er sogar unterstützungswillige Christen aus der Gemeinde hinauswirft.

Der Verfasser unseres Briefes will in dieser Konfliktsituation die Gemeindeleiter anweisen, die zum paulinischen Kreis gehörenden Wandermissionare zu unterstützen und sie dadurch ein Stück weit in die Ortsgemeinde zu integrieren.

Die Grüße und Grußaufträge spiegeln die Verbundenheit, die zwischen Chri- 15
sten an allen Orten herrschen sollte und wohl auch tatsächlich geherrscht hat. Daß das bei Paulus selbst in Gemeindebriefen herzlicher und konkreter ausfällt, soll nicht unbemerkt bleiben.

Der abschließende Gnadenzuspruch ist wie in 1. Tim 6,21 und 2. Tim 4,22 an eine Mehrzahl gerichtet und zeigt damit die über den genannten individuellen Empfänger hinausreichende Bestimmung auch dieses Schreibens.

Literatur

Wissenschaftliche Kommentare

Dibelius M. / Conzelmann, H.: Die Pastoralbriefe, Tübingen 1966[4] (HNT 13)
Holtz, G.: Die Pastoralbriefe, Berlin 1965 (ThHK 13)
Roloff, J.: Der erste Brief an Timotheus, Zürich / Neukirchen-Vluyn 1988 (EKK XV)
Schlatter, A.: Die Kirche der Griechen im Urteil des Paulus. Eine Auslegung seiner Briefe an Timotheus und Titus, Stuttgart 1936 (= [2]1958)
Spicq, C.: Saint Paul, Les Epitres Pastorales I-II, Paris 1969[4], (EtB)

Allgemeinverständliche Auslegungen

Barrett, C.K.: The Pastoral Epistles, Oxford 1963 (NCB.NT)
Brox, N.: Die Pastoralbriefe, Regensburg 1969 (RNT VII/2)
Easton, B.S.: The Pastoral Epistles, New York 1947
Hanson, A.T.: The Pastoral Epistles, Grand Rapids / London 1982 (NCeBC)
Houlden, J.L.: The Pastoral Epistles, Harmondsworth 1976 (PNTC)
Hasler, V.: Die Briefe an Timotheus und Titus, Zürich 1978 (ZBK.NT 12)
Jeremias, J.: Die Briefe an Timotheus und Titus, Göttingen 1975[11] (NTD 9)
Kelly, J.N.D.: A Commentary on the Pastoral Epistles, London 1972[2] (BNTC)
Knoch, O.: 1. und 2. Timotheusbrief. Titusbrief, Würzburg 1988 (NEB 14)
Schierse, F.J.: Die Pastoralbriefe, Düsseldorf 1968 (WB 10)

Abhandlungen und Aufsätze

Aland, K.: Falsche Verfasserangaben? ThRev 75, 1979, Sp. 1-10
Aland, K.: Noch einmal: Das Problem der Anonymität und Pseudonymität in der christlichen Literatur der ersten beiden Jahrhunderte, in: Pietas (FS B. Kötting), Münster 1980 (JAC.E8), S. 121-139
Brox, N.: Historische und theologische Probleme der Pastoralbriefe des Neuen Testaments, Kairos 11, 1969, S. 81-94
Brox, N.: Lukas als Verfasser der Pastoralbriefe? JAC 13, 1970, S. 62-77
Brox, N.: Falsche Verfasserangaben. Zur Erklärung der frühchristlichen Pseudepigraphie, Stuttgart 1975 (SBS 79)
Brox, N.: Methodenfragen der Pseudepigraphie-Forschung, ThRev 75, 1979, Sp. 275-278
Campenhausen, v. H.: Polykarp von Smyrna und die Pastoralbriefe (1951), in: Ders., Aus der Frühzeit des Christentums, Tübingen 1963[2], S. 197-252
Donelson, L.R.: Pseudepigraphy and ethical argument in the Pastoral epistles, Tübingen 1986 (HUTh 22)
Fiore, B.: The function of personal example in the Socratic and Pastoral Epistles, Rom 1986 (AnBib 105)
Frühkatholizismus im ökumenischen Gespräch, hg. v. J. Rogge und G. Schille, Berlin 1983 (mit Beitr. v. H.-Fr. Weiß, J. Rohde, W. Wiefel, W. Trilling, H. Schürmann)
Hahn, F.: Das Problem des Frühkatholizismus, EvTh 38, 1978, S. 340-357
Hanson, A.T.: The Domestication of Paul, BJRL 63, 1981, S. 402-418

Haufe, G.: Gnostische Irrlehre und ihre Abwehr in den Pastoralbriefen, in: Gnosis und Neues Testament, hg. v. K.-W. Tröger, Gütersloh 1973, S. 323–339

Hegermann, H.: Der geschichtliche Ort der Pastoralbriefe, in: Theologische Versuche II (hg. v. J. Rogge u. G. Schille), Berlin 1970, S. 47–64

Holtzmann, H. J.: Die Pastoralbriefe, kritisch und exegetisch behandelt, Leipzig 1880

Jüngel, E.: Bibelarbeit über 2. Timotheus 3, 14–17, in: Erneuerung aus der Bibel, hg. v. S. Meurer, Stuttgart 1982, S. 93–106

Kretschmar, G.: Der paulinische Glaube in den Pastoralbriefen, in: Glaube im Neuen Testament, (FS H. Binder), Neukirchen-Vluyn 1982, S. 115–140

Kretschmar, G.: Die Ordination im frühen Christentum, FZPhTh 22, 1975, S. 35–69

Kretschmar, G.: Frühkatholizismus, in: Unterwegs zur Einheit (FS für H. Stirnimann), 1980, S. 573–587

Lindemann, A.: Paulus im ältesten Christentum, Tübingen 1979 (BHTh 58)

Lips, H. v.: Glaube — Gemeinde — Amt. Zum Verständnis der Ordination in den Pastoralbriefen, Göttingen 1979 (FRLANT 122)

Lohfink, G.: Paulinische Theologie in der Rezeption der Pastoralbriefe, in: Paulus in den neutestamentlichen Spätschriften, hg. v. K. Kertelge, Freiburg i. Br. 1981 (QD 89), S. 70–121

Lohfink, G.: Die Vermittlung des Paulinismus zu den Pastoralbriefen, BZ N.F. 32, 1988, S. 169–188

Lohse, E.: Die Ordination im Spätjudentum und im Neuen Testament, Göttingen 1951

Lohse, E.: Die Entstehung des Bischofsamtes in der frühen Christenheit, in: Ders., Die Vielfalt des Neuen Testaments, Göttingen 1982, S. 171–186

Lohse, E.: Das apostolische Vermächtnis. Zum paulinischen Charakter der Pastoralbriefe, in: Studien zum Text und zur Ethik des Neuen Testaments (FS H. Greeven), hg. v. W. Schrage, Berlin / New York 1986, S. 266–281

Lührmann, D.: Epiphaneia. Zur Bedeutungsgeschichte eines griechischen Wortes, in: Tradition und Glaube (FS K.G. Kuhn), Göttingen 1971, S. 185–199

Luz, U.: Erwägungen zur Entstehung des »Frühkatholizismus«, ZNW 65, 1974, S. 88–111

Luz, U.: Rechtfertigung bei den Paulusschülern, in: Rechtfertigung (FS E. Käsemann), Tübingen / Göttingen 1976, S. 365–383

Marshall, I. H.: Faith and Works in the Pastoral Epistles. StNTU.A 9, 1984, S. 203–218

Marshall, I. H.: The Christology of the Pastoral Epistles, StNTU 13, 1988, S. 157–177

Merk, O.: Glaube und Tat in den Pastoralbriefen, ZNW 66, 1975, S. 91–102

Michel, O.: Grundfragen der Pastoralbriefe, in: Auf dem Grunde der Apostel und Propheten (FS Th. Wurm), Stuttgart 1948, S. 83–99

Oberlinner, L.: Die »Epiphaneia« des Heilswillens Gottes in Christus Jesus, ZNW 71, 1980, S. 192–213

Roloff, J.: Apostolat — Verkündigung — Kirche. Ursprung, Inhalt und Funktion des kirchlichen Apostelamtes nach Paulus, Lukas und den Pastoralbriefen, Gütersloh 1965

Rordorf, W.: Nochmals: Paulusakten und Pastoralbriefe, in: Tradition and Interpretation in the New Testament (FS E.E. Ellis), 1987, S. 319–327

Schierse, F. J.: Kennzeichen gesunder und kranker Lehre. Zur Ketzerpolemik der Pastoralbriefe, Diakonia 4, 1973, S. 76–86

Schnider, W. / Stenger W.: Studien zum neutestamentlichen Briefformular, Leiden 1987 (NTTS 11)

Schöllgen, G.: Die diplē timē von 1. Tim 5,17, ZNW 80, 1989, S. 232–239

Stenger, W.: Timotheus und Titus als literarische Gestalten, Kairos N.F. 16, 1974, S. 252–267

Stenger, W.: Der Christushymnus 1. Timotheus 3,16, Frankfurt a.M. / Bern 1977 (RStTh 6)

Strecker, G.: Paulus in nachpaulinischer Zeit, Kairos N.F. 12, 1970, S. 208–216

Strobel, A.: Schreiben des Lukas? Zum sprachlichen Problem der Pastoralbriefe, NTS 15, 1968/69, S. 191–210

Stuhlmacher, P.: Christliche Verantwortung bei Paulus und seinen Schülern, EvTh 28, 1968, S. 165–186

Towner, P.H.: Gnosis und realized eschatology in Ephesus (of the Pastoral epistles) and the Corinthian enthusiasm, JSNT 31, 1987, S. 94–124

Trummer, P.: »Mantel und Schriften« (2.Tim 4,13), BZ N.F. 18, 1974, S. 193–207

Trummer, P.: Die Paulustradition der Pastoralbriefe, Bern 1978 (BET 8)

Trummer, P.: Corpus Paulinum — Corpus Pastorale, in: Paulus in den neutestamentlichen Spätschriften, hg. v. K. Kertelge, Freiburg i. Br. 1981 (QD 89), S. 122–145

Wanke, J.: Der verkündigte Paulus der Pastoralbriefe, in: Dienst der Vermittlung, hg. v. W. Ernst u.a., Leipzig 1977 (EThSt 37) S. 165–189

Weiser, A.: Titus 2 als Gemeindeparänese, in: Neues Testament und Ethik (FS R. Schnackenburg), Freiburg i. Br. 1989, S. 387–414

Wilson, S.G.: Luke and the Pastoral Epistles, London 1979

Winter, B.W.: Providentia for the widows of 1 Timothy 5,3–16, TynB 39, 1988, S. 83–99

Wolter, M.: Die Pastoralbriefe als Paulustradition, Göttingen 1988 (FRLANT 146)

Zmijewski, J.: Die Pastoralbriefe als pseudepigraphische Schriften, StNTU.A 4, 1979, S. 97–118

Namen- und Sachweiser

(Exk. n. = Exkurs nach)

A

Älteste/Ältestenamt S. 12 f.; 1. Tim 5,17; S. 90 f.
Amt, kirchliches Exk. n. Tit 1,9 S. 90 ff.
Askese 1. Tim 4,3 f.

B

Bischof Episkopos

C

Charisma S. 40; 2. Tim 1,6
Christologie
-christologische Formeln S. 24; 33
1. Tim 3,16; 6,13 f.
-christologische Titel 1. Tim 2,5; Tit 1,4

D

Diakon 1. Tim 3,8–10.12 f.; S. 91
Diakonin 1. Tim 3,11
Doxologie
-Gottes 1. Tim 1,17; 6,16
-Christi 2. Tim 4,18

E

Enderwartung S. 10; 1. Tim 6,14 f.;
2. Tim 4,1; Tit 2,13
Epiphanie 1. Tim 6,14
Episkopos S. 12 f.; 1. Tim 3,1–7; S. 91 f
Erziehung Tit 2,12
Ethik S. 14 f. Tit 2,11–12

F

Frau (in der Gemeinde) S. 12; 15;
1. Tim 2,1–15; Tit 2,3–5

G

Gebet S. 24; 1. Tim 2,1–2.8
Gesetz 1. Tim 1,7.8–10; 2. Tim 1,9–10
Gewissen 2. Tim 1,3

Glaube S. 16
Gnade Gottes Tit 2,12
Gnosis S. 10; 13; 1. Tim 1,4; 2,4.15; S. 35;
2. Tim 2,18; 3,6 f.; 4,5
Gottesdienst 1. Tim 2.1.8–12; 4,13

I

Inspiration der Schrift Exk. n. 2. Tim 3,16
S. 77 f.
Irrlehre(r)
-Beschreibung 1. Tim 4,1 ff.;
2. Tim 3,1–9; 4,3 f.; Tit 1,10–16
-Abwehr 2. Tim 2,14–26; Tit 3,10 f.

J

Jannes und Jambres 2. Tim 3,8 f.

K

Kirche 1. Tim 3,15; 2. Tim 2,19
Kirchenzucht 1. Tim 1,20; Tit 3,10–11
Königsherrschaft Jesu Christi 2. Tim 4,1

L

Lasterkatalog 1. Tim 1,8–10; S. 71;
2. Tim 3,2–4; Tit 3,3
Liebe 1. Tim 1,5
Lukas S. 9

M

Menschenfreundlichkeit Gottes Tit 3,4

O

Ordination Exk. n. 1. Tim 4,14 S. 39 f.;
1. Tim 5,22

P

Paratheke 1. Tim 6,20; 2. Tim 1,12
Pastoralbriefe S. 5

Inhalt

Verzeichnis der thematischen Ausführungen
(Exkurse)

Jürgen Roloff
Exegetische Verantwortung in der Kirche
Aufsätze. Herausgegeben von Martin Karrer. 1990. 399 Seiten, kartoniert

Die wissenschaftliche Arbeit des Erlanger Neutestamentlers Jürgen Roloff an Bibel und Bekenntnis hat sich seit jeher durch ein hohes Verantwortungsbewußtsein für den Zusammenhang der Exegese mit Glauben und Verkündigung der Kirche ausgezeichnet. Bemerkenswert ist auch seine pädagogische Darstellungskunst. Die Arbeiten sind gleichermaßen ein Gewinn für die wissenschaftliche Forschung wie für die kirchliche Praxis.

Johannes Wirsching
Kirche und Pseudokirche
Konturen der Häresie. 1990. 282 Seiten, kartoniert

Jede Generation muß sich dem Problem von Gemeinschaft und Abgrenzung unter Christen neu stellen.
Kirche wird in dieser Untersuchung als Gemeinschaft des Glaubens bestimmt, die sich von Anfang an als neue Schöpfung erfaßt hat und deren Gestalt in der Wirklichkeit ihres kommenden Herrn gründet. Pseudokirche wiederum zeigt sich in dem Versuch, den Heilsglauben zu überbieten und das, was Kirche ist, als vollendete Gruppengestalt oder vollkommene Tatgestalt zu erzwingen.
Die wahre Kirche ist nicht die reine Kirche, die sich durch Selbstabgrenzung rein hält, sondern die Kirche der ungehinderten Verkündigung Jesu Christi und der dadurch bewirkten Abgrenzungen.
Dieses Buch bietet eine durchgängige Geschichte, Begriffserklärung und systematische Erhellung kirchlicher Abgrenzungsvorgänge von der altkirchlichen Kanonbildung bis heute.

Vandenhoeck & Ruprecht · Göttingen und Zürich

Christian Möller

Lehre vom Gemeindeaufbau

Band 1: Konzepte – Programme – Wege
2., durchgesehene Auflage 1987. 272 Seiten, kartoniert

„… Der Band gibt einen Überblick über Konzepte und Programme, läßt aber zugleich im Rückgriff auf die Kirchengeschichte auch Wege zum Gemeindeaufbau erkennbar werden, als dies Stichwort noch unzeitgemäß war. Spannend ist dabei, wie der Verfasser die bisher veröffentlichten Überlegungen im Rückgriff auf die Reformatoren und im Gespräch mit ihnen überprüft und – vor allen Dingen von Luther ausgehend – immer wieder den Gottesdienst zum Fragekriterium an Gemeindeaufbaukonzeptionen macht". *Reformierte Kirchenzeitung*

Band 2: Durchblicke – Einblicke – Ausblicke
1990. 401 Seiten, kartoniert

Christian Möller sucht jenseits der Alternative von missionarischen und volkskirchlichen Konzeptionen den ganzheitlich verstandenen Gottesdienst als Mitte und »Baumeister« von Gemeinde zu verstehen. An historischen Stationen (Schleiermacher, Zinzendorf, Luther, Bugenhagen, Calvin, Bucer u.a.) sowie an der Meditation biblischer Bilder von der Gemeinde zeigt er, wie Gemeinde aus dem Gottesdienst immer wieder gebaut und erneuert worden ist und erörtert ausführlich, welche praktischen Konsequenzen sich aus diesen historischen und biblischen Einsichten ergeben.

Gottesdienst als Gemeindeaufbau

Ein Werkstattbericht. 2., durchgesehene Auflage 1990. 235 Seiten, kartoniert

Christian Möller fährt mit seinem neuen Werkstattbericht fort, der gegenwärtig umstrittenen und vielverhandelten Frage nach Gemeindeaufbau mit praktischen Anregungen nachzugehen. Er bietet keine Programme und keine Strategien dafür, „wie man's macht". Er bietet mehr: Ermutigung dazu, sich auf die Erfahrungen der einzelnen Gemeinde und auf ihren gottesdienstlichen Weg im Sonntag und im Alltag einzulassen und dabei den Reichtum zu entdecken, mit dem die einzelne Gemeinde begabt ist.

Vandenhoeck & Ruprecht · Göttingen und Zürich